KB165643

생활 인문학

생활 인문학

일상의 '맛'을 향유하는 36가지 생각습관

김민철 지음

글항아리

머리말

지금으로부터 30년 전쯤, 대학 입시에서 나는 운 좋게 평소 실력보다 높은 점수를 받았다. 그럼에도 나는 고등학교 2학년 때부터 결심을 굳혔던 철학과로 진학할 거라고 주변 사람들에게 다시 한번 알렸다. 이때 가족과 지인들은 단 한 명의 예외도 없이 반대했다. "그 정도 점수면 장래가 촉망되는 더 좋은 학과에 진학해야 하지 않겠니?"라는 게 이유였다. 하지만 "철학과에 진학할 수 없다면 대학 진학 자체를 하지 않겠다"며 내 고집을 꺾지 않았다. 그렇게 해서 애초의 계획을 관철시키는 데 성공했다.

그로부터 30여 년이 지난 지금, 나는 그 선택을 후회하지 않는가? 당시 전도유망한 학과에 진학했던 선후배와 동기들 가운데 상당수는 법조인이나 의사, 기자와 같이 사회에서 인정받는 지위에 올랐으며, 두각을 드러낸 몇몇은 사회 전반의 흐름을 좌지우지할 수 있는 영향력 있는 자리에 오르기도 했다. 한번쯤 그들과 나 자신을 비교하면서 당시의 선택에 대해 떠올리지 않았다면 이는 거짓말일 것이다.

하지만 모든 판단은 항상 전체적인 맥락에서 이뤄져야 하는 법이다. 직장을 선택하거나, 살 집을 고를 때뿐 아니라 반려자를 택할 때도 두드러지는 장점이나 단점만을 고려하다가는 낭패를 보기 십상이다. 장점과 단점을 전반적으로 견줘 판단해야 하는 것이다. 모든 면에서 완벽한 선택이란 현실에 존재하지 않는 법이다. "모든 것에는 대가가 따르기 마련이다." 내가 인생의 좌우명으로 삼은 두 가지 가운데 하나는 바로 이것이다.

철학과 진학 이후 20여 년의 학자생활을 정리하고 야인으로 돌아왔을 때도 나는 그와 유사한 태도를 견지했다. 달리 마음먹고 융통성 있게 대처했다면 어쩌면 대학교수가 되었을지도 모를 일이다. 그러나 아쉬움은 있을지언정, 몇 번을 되풀이하여 생각해도 그것은 내 길이 아니었다. 삶에 대한 궁금증이 일어서 철학과에 진학했고, 그것을 풀지 못해 박사과정까지 마쳤지만, 나는 기본적으로 공부를 좋아하는 사람이 아니었기 때문이다. 그 이후에도 사회적이고 경제적인 측면에서 안정된 위치에 설 기회가 몇 번 더 있었지만, 나는 계속 다른 길을 선택했다. 내가 선택지에서 제외시켰던 것들은 나에게 어울리지도, 편하지도 않았기 때문이다.

　이렇게 삶을, 그리고 사회를 전반적으로 바라보고 내 갈 길을 주체성 있게 결정하는 능력이야말로 내가 공부를 통해 얻고자 했던 것이었다. 그것을 찾아 떠난 여행의 전도는 석사학위를 받고서도 여전히 오리무중이었는데, 박사과정 동안 아주 뛰어난 석학의 저서 두 권을 번역하면서 나는 그 목표의 상당 부분을 달성했고, 미련 없이 학자의 길을 떠나왔다. 주체적인 행복의 첫 번째 필수 요소인 자유를 얻기 위해서는 어떤 것에도 얽매여서는 안 되기 때문이었다.

　인문학을 공부하면서, 나는 인생과 사회에 관한 여러 의문을 풀었으며, 주체성을 갖게 되었고, 세상을 보는 나름의 눈도 지니게 되었다. 그건 아마도 앞서 말한 이런저런 대가를 치른 덕분이리라. 그런데 학자로서의 삶은 내 마음에 많은 흔적을 남겼다. 당나라의 명문장가인 한유韓愈가 "마음속에 뭔가가 쌓여 있으면 소리를 내게 되어 있다"고 말한 것처럼, 그 흔적들은 기회가 있을 때마다 글의 형태로 제 목소리를 내곤 했다. 내가 쓴 두 권의 교양서와 몇 권의 실용서가 그렇게 태어났다.

　뿐만 아니라 인문학을 통해 얻은 논리적 사고능력과 언어 구사

능력은 내 삶 자체를 변화시켰다. 다양한 청중을 대상으로 강의하고, 글쓰기를 하면서 좀더 논리적이고 합리적인 길을 추구하다보니, 앞뒤가 꽉 막혔던 독단적인 나 자신을 되돌아보고, 좀더 유연해지려 노력할 수 있었다. 예전에는 무력과 재력이 힘의 척도였지만, 현대사회에서는 논리와 언어 구사능력이 그보다 훨씬 더 큰 힘을 발휘할 수 있게 되었다. 말 한마디 때문에 유명 정치인들이 낙마하고, 거대 기업이 무너지는 시대가 된 것이다. 이런 상황에서 인문학적 지식과 논리가 현실에 어떻게 적용될 수 있는지 보여주는 것은 커다란 의미가 있을 뿐 아니라, 그것이야말로 인문학자가 가야 할 올바른 길이라는 생각이 든다.

몇 년 전 어느 날 미국의 인터넷 기업인 IDG의 한국 지사에서 인문학 칼럼을 의뢰해왔다. 여태 출간했던 책에서는 충분히 표현하지 못했던 것을 풀어내고, 현실 속에서 인문학이 어떤 기능을 할 수 있는지에 대해 내 나름의 의견을 펼친 좋은 기회라 흔쾌히 응낙했다. 인문학의 정체성과 효용, 사회를 균형 있게 바라보는 법, 우리의 일상적 사고에 감춰진 오해와 진실, 더 나은 사람이 되는 법 등등에 대한 내용을 인문학자의 입장에서 가능한 한 쉽고 흥미롭게 전달하고자 노력했다.

3년여 동안 연재를 했는데, 그 결과물을 모아놓고 보니 내 마음 속에서 좀더 많은 대중과 소통하고자 하는 소망이 생겨났다. 그 소망이 다시 한번 이뤄지게 된 것은 내게는 참으로 행운이었다. 아끼는 후학인 이선열을 통해 글항아리 이은혜 편집장과 강성민 대표의 지우知遇를 받게 될 줄이야 예상이나 했겠는가? 쓸모없는 글이라 여기지 않고 대중과 소통할 기회를 주었을 뿐 아니라, 좀더 짜임새 있고 유려한 흐름의 책으로 출간되도록 도움을 준 글항아리 식구에게 고개 숙여 깊은 감사의 뜻을 전한다.

2016년 5월 경기도 광주 서재에서

차례

제1부

×

인문학의 쓸모, 말이 삶을 일군다

쓸모없는 것의
쓸모 있음

————

01

몇 년 전 「불만제로」라는 프로그램에서 드럼세탁기가 문제된 적이 있다. 많은 소비자가 생산업체에 항의했지만, 최상의 조치는 수리를 해주는 것이었다고 한다. 그런데 우리 집은 달랐다. 2~3년 사용한 드럼세탁기를 전액 환불받은 것이다. 아마 전국에서 유일한 사례가 아닐까 싶다.

문제의 발단은 아내였다. 방송을 보기 전 이미 몇 차례 애프터서비스까지 받았던 터라 환불을 받는 것이 당연하다고 생각한 것이다. 아내는 환불을 요청했고, 상담원은 당연히 환불이 불가함을 주장했다. 의견차가 전혀 좁혀지지 않자 아내는 흥분해서 화를 내기 시작했다. 내가 전화기를 넘겨받았고, 이후 두 시간여의 대화 끝에 환불해주겠노라는 답변을 받아냈다.

사실 우리 집에서는 이런 일이 한두 번 있었던 게 아니다. 식기 세척기, 인덕션 등 문제가 있는 제품은 동일한 과정을 거쳐 환불받거나 새 제품으로 교환받은 일이 여러 번 있었다. 그렇다고 오해하지는 마시라. 내가 흔히 말하는 블랙컨슈머는 아니니 말이다. 나는 판매자를 설득해, 그들이 환불 혹은 교환의 필요성을 납득하도록 한 것이다.

나는 먼저 상담원에게 대화의 전말을 듣는다. 도중에 끼어들고 싶은 욕구를 느끼기도 하지만, 꾹 참는다. 상담원이 만족스럽게 자신(혹은 회사 측)의 주장을 펼치고 나면, 나는 상담원의 주장을 요약해 들려준다. "지금 ○○씨가 하신 말씀은 첫째 …이고, 둘째 …이고, 셋째는 …라는 것이지요. 맞습니까?"라고 말이다. 상대가 인정하지 않으면 합의가 이루어질 때까지 다시 듣고 질문한다.

합의가 이루어지면 그다음에 내 주장이 이어진다. "내가 보기에 첫째와 둘째는 ○○씨의 말씀을 인정할 만합니다. 하지만 정작 중요한 것은 세 번째인데요, 거기에는 이러저러한 문제가 있는데 어떻게 생각하는지요?"라고 말이다. 대화는 이런 식으로 계속되고, 상담원 선에서 문제가 해결되지 않으면 더 윗선의 책임자와 동일한 방식의 대화를 계속한다. 그리고 상대방이 내 주장의 타당성을 인정하지 않을 수 없을 때 마침내 교환이나 환불이 결정되는 것이다.

언젠가부터 나는 말싸움에서 져본 적이 없다. 방법은 간단하다. 이길 수 있는 싸움만 하는 것이다. 진짜 싸움의 고수는 아무하고

나 싸우지 않는다. 반드시 필요할 때에만 싸움을 하고, 질 것 같은 싸움은 피해야 한다. 질 것이 빤한데 싸우는 것은 어리석은 짓이다. 『손자병법』에서 "적을 알고 나를 알면 싸울 때마다 이긴다知彼知 己百戰百勝"고 말한 것은 바로 이런 뜻이다. 내가 분쟁에 끼어드는 것은 내 요구가 정당하고, 상대방을 납득시켜 목적을 달성할 수 있을 때뿐이다. 둘 중 한 가지만 충족되지 않아도 목적 달성에 실패할 확률이 높으며, 따라서 그런 경우에는 집사람에게 포기할 것을 권한다. 싸움 자체를 피하는 것이다.

집사람과 나의 차이는 대화와 소통 능력에 있다. 집사람은 자기 주장의 정당성만 내세울 뿐, 상대방 입장에서 생각하고 설득하지 못했다. 그것은 상담원도 마찬가지다. 나는 상대방의 이야기를 듣고, 그의 동의하에 그 이야기의 요점을 정리한 후, 그 주장의 문제점을 조목조목 납득시키는 방법을 택한다. 물론 상대방에게는 끊임없이 소비자 입장에서 생각할 것을 권유한다. 대화와 글쓰기에서는 이를 '자비의 원칙'이라 부른다.

내가 이런 능력을 갖게 된 것은 흔히 별로 쓸모없다고 여겨지는 학문인 인문학, 그중에서도 쓸모없음의 정점에 있는 철학을 공부했기 때문이다. 10여 년 전부터 이공계의 위기가 회자되지만, 인문학 전공자들의 입장에서 보면 그것은 그야말로 부잣집 도련님의 반찬 투정에 불과하다. 인문학의 경우, 전공자들이 일자리를 구하는 어려움은 말할 것도 없고, 과 자체가 없어지는 일도 비일비재하다. 이공계의 경우 기초과학의 필요성이 광범위하게 인정받고 있지만, 인문학은 그야말로 쓸모없는 학문처럼 보인다. 호사가들의 지적 장식품에 불과하다는 인식이 강한 것이다.

사실 그런 면이 없지는 않다. 인문학은 문학과 사학, 철학 세 분야로 나뉘는데, 문학인들은 그냥 '몽상'에 빠져 있고, 철학자들은 그냥 넘겨도 좋을 것들을 따져 물으며, 역사학자들은 과거 지향적인 듯하다. 인문학자들은 현실에 발을 딛지 못한 공상적 이상주의자들인 것이다.

그러나 『장자』에 나오는 옛이야기는 시사하는 바가 크다.

유명한 목수와 제자들이 길을 가다가 엄청나게 큰 나무를 발견했다. 높이는 하늘을 찌를 듯했고, 둘레는 열 명이 팔을 벌려 둘러싸도 모자랄 지경이었다. 제자들이 그 웅대함에 감탄하고 있을 때 목수가 말했다. "가자! 쓸모없는 나무다. 아무 쓸모도 없기 때문에 이렇게 클 때까지 베이지 않은 것이다." 그런데 그날 밤 목수의 꿈에 나무의 정령이 나타나 말했다. "네가 커다란 쓸모를 알기나 하는가? 나는 쓸모없었기 때문에 이렇게 오래 살아남을 수 있었다. 그것이야말로 진정한 쓸모가 아니고 무엇이겠는가?"

인문학은 겉보기에 아무 쓸모도 없는 것 같다. 그러나 당위를 추구하는 인문학은 사회 곳곳에서 사람들이 알아보지 못하는 가치를 발휘한다. 『해저 2만리』라는, 당시로서는 황당한 소설이 있었기에 현대의 잠수함 개발이 가능했다. 철학자들의 따져 묻기가 있기에 독재와 부조리에 대한 비판이 가능했다. 독재자들이 인문학자들을 경계하고 탄압한 데에는 그만한 이유가 있는 것이다.

운동에서도 그 가치는 빛을 발한다. 나는 마흔 살에 골프를 시작하여, 독학으로 8개월 만에 전 세계 골퍼의 1퍼센트만이 달성한다는 싱글골퍼의 벽을 넘었고, 11개월 만에 티칭프로 테스트에 합격했다. 그리고 몸치만 아니라면 누구라도 1년 이내에 싱글골퍼로 만들어줄 수 있다고 자신한다. 이 모든 것은 적정한 목표 설정과 원리에 대한 따져 묻기 그리고 타인뿐 아니라 스스로와도 의사소통하는 능력이 만들어낸 결과다.

현대에 들어와 정치와 경제를 비롯한 모든 분야에서 인문학적 인프라의 부족이 얼마나 심각한 문제인지 절감한다. 과학자들이 세계적으로 독창적인 이론을 정립해도, 그것을 제대로 전달할 글쓰기와 말하기 능력이 없다면 그것은 무용지물에 불과하다. 논리력이 부족한 정치인은 국민과의 소통을 통한 정책 실현을 이루지 못한다. 대기업에서는 대화와 소통의 부재로 인해 업무 진행이 원활하지 못하다. 이런 현실이 바로 쓸모없는 것의 쓸모 있음을 보여주는 반례인 것이다.

설득하고 싶다면
사례를 들어라

———

02

글쓰기나 강의를 할 때면 나는 언제나 흥미로운 사례로 수업을 시작하고자 노력한다. 논리와 토론, 그리고 글쓰기를 가르치면서 학생들에게 항상 하는 말도 "사례는 논증의 왕이다"라는 것이다. 아무리 중요한 얘기도 추상적인 내용으로만 구성되어 있다면 애초의 목적인 전달과 설득에 실패할 것이기 때문이다. 물론 그 사례가 비근하고 흥미로운 것이어야 한다는 점 또한 잊어서는 안 된다.

　강의를 하는 사람들은 이 사실에 더욱 주목해야 한다. 철학 강의를 하면서 "오늘 강의는 …라는 철학자의 …이론에 대한 것입니다"라는 말로 시작한다면, 청중 가운데 절반가량은 이미 졸 태세를 갖출 것이기 때문이다. 사람들이 가장 어려워하는 철학 강의를 준비하면서 나는 이 문제에 대해 심각하게 고민했고, 사례에서 그

해답을 찾았다.

예를 들어 평등과 정의에 대해 강의할 때면 "여성들도 군대에 가야겠지요?"라는 질문으로, 그리고 역사 철학에 대해 강의할 때면 "위안부들이 정말 강제로 끌려갔나요?" "독도가 진정으로 우리 땅인가요?"와 같은 도발적인 질문으로 강의를 시작한다. 청중은 이내 흥분한다. 내게 돌을 던지고 싶겠지만, 선생이니 차마 그러지 못할 뿐이다. 그들은 앞 다투어 내 주장을 반박하고자 하고, 내가 의도한 대로 그 수업은 자연스럽게 열정적인 토론으로 이어진다.

물론 토론의 방향은 이미 정해져 있다. 선생은 학생의 반응과 그에 대한 대답까지 예상하고 있기 때문이다. 그 예상은 거의 예외 없이 적중한다. 선생인 나는 논리에 강할 뿐만 아니라, 동일한 주제로 적게는 수십 차례, 많게는 수백 차례 수업을 진행해왔기 때문이다. 그리고 강의 말미에 이르면, (심술 부리는 극소수를 제외하면) 청중은 대개 논리적으로 만족스러운 결론에 이르렀음을 느끼게 된다. 그때 나는 "오늘 공부한 것이 바로 …라는 학자의 …이론입니다"라고 설명한다.

여기에 교육의 기본 원리가 담겨 있다. 세 시간짜리 강의가 있다고 하자. 훌륭한 선생이라면 그 세 시간 모두를 수업 내용에 할애하지 않는다. 가장 중요한 것은 5분 늦게 들어가고, 10분 일찍 끝내는 것이다. 강의를 개그만큼 재미있게 할 자신이 없다면 말이다. 수업은 어쨌든 지겨운 법이다. 학술 세미나에서 교수와 박사들이 조는 모습은 흔히 목격된다. 내 강의는 개그 프로 못지않게 흥미롭다는 평이 나오기도 하지만, 대학에서 강의를 할 때 나는 세 시간 짜리 강의에서 두 시간을 넘겨본 적이 없다(한 학기에 휴강 한 번도 필수다). 이 또한 상대방을 자비롭게 대함으로써 소통을 가능케 하는 데 가장 중요한 요소이기 때문이다.

두 시간 중에서도 그날 수업에서 해야 할 이론적인 내용을 전하는 것은 20분 내외다. 나머지 100분은 학생들의 흥미와 관심을 자극할 만한 재미있는 이야기로 채우는 것이다. 진짜 중요한 이야기는 20~30분이면 족하다. 세상에서 가장 지겨운 강의는 교장 선생님의 훈화와 주례사일 것이다. 주어진 시간을 중요한 이야기로 가득 채우고자 한다면 청중의 기대와는 완전히 어긋나는 법이다. 그분들이 생각하기에 무척 중요한 이야기가 청중에게는 너무나 지겨운 이야기에 불과하다. 청중이 무엇을 원하는지 입장 바꾸어 생각해보지 않은 것이다. 역지사지易地思之의 원리에 따라 자비를 베푼다면 그런 사태는 벌어지지 않을 것이다. 진정으로 필요한 것은 내용이 아니라 동기부여인 것이다.

내가 처음 강의를 시작한 것은 대학 시절 끝 무렵의 일이다. 복학 후 학비와 용돈을 벌어야 했던 사정으로 인해 학원에서 영어 강사 일을 시작한 것이다. 나는 최선을 다해 최상의 강의를 하고자 노력했지만, 몇 차례고 이유도 모른 채 "잘리기" 일쑤였다. 나중에 안 일이지만 내가 잘린 이유는 간단했다. 학생들의 수준을 고려하지 않은 채, 당시 최고의 난이도로 정평이 나 있던 영어 참고서를 '열강'한 것이다. 글의 주인이 독자이듯이, 강의의 주인은 청중, 즉 학생임을 알고 그들의 입장에서 생각하는 '자비'를 베풀었다면 그런 일은 생기지 않았을 것이다.

그런 내게 전환점이 된 사건이 있었다. 아주 평범하고 조용해서 내가 존재조차 잘 인식하지 못했던 한 여학생이, 수업을 듣기 시작한 지 두세 달 후 교무실로 나를 찾아와 "선생님 덕분에 영어 점수가 40점이나 올랐어요"라고 말한 것이었다. 너무나 미안했고 충격적이었다. 그녀는 어떤 이유에서인가 내가 마음에 들었던 것이다. 수업 내용 때문이 아니라 동기부여 때문에 믿지 못할 성과를 거둔 것이다. 이후 그녀는 학습 방향에 대해 일일이 내게 조언을 구했고, 좋아하는 선생의 가르침을 충실히 이행하여 예상을 훨씬 뛰어넘는 일류대에 입학했다.

저장할 수 있는 정보의 양과 처리 속도에서 인간의 두뇌를 따라갈 만한 컴퓨터가 거의 없다는 것은 잘 알려진 사실이다. 인간과 컴퓨터의 차이는 바로 동기에 있다. 컴퓨터는 용량만 허용한다면 주입하는 대로 정보를 저장하지만, 인간은 자신이 관심을 갖는 정보만을 저장한다. 더 강한 동기부여가 되는 정보일수록 쉽게 저장할 뿐 아니라, 필요할 때면 그 정보를 순식간에 재생시켜 활용할 수 있는 것이다.

한국의 주입식 교육이 문제가 되는 이유는 바로 이것이다. 학생들을 수동적인 컴퓨터로 취급하는 교육은, 단기적인 효과는 있을지 몰라도, 장기적으로는 성공할 수 없다. 교육이든 회사든, 나아가 그 어떤 집단이든 간에 성취는 소통에 달려 있고, 소통은 상대방 입장에서 생각하는 '자비의 원칙'에 달려 있다. 배재고등학교 출신인 내게 가장 기억에 남는 교장 선생님의 훈화는 10초짜리다. 그분은 "여러분, 배재를 사랑합시다" "여러분, 배재는 영원합니다"와 같은 짧은 훈화로 환호를 받곤 했다.

사례의 중요성 또한 여기서 기인한다. 사람들은 대체로 학술서 보다는 소설을, 소설보다는 만화를 좋아하기 마련이다. 추상적 이론보다 흥미로운 이야기로 구성된 사례가 선호되는 것도 마찬가지 이유에서다. 이러한 마음을 헤아린다면, 소통과 설득을 위해서는 흥미로운 사례나 옛날이야기를 찾아내는 수고를 아껴서는 안 될 것이다. 나아가 그것을 찾아낼 수 없다면 스스로의 앎에 대해 진지한 반성을 해보는 것이 진정으로 학문적인 태도인 것이다.

제1부 인문학의 쓸모, 말이 삶을 일군다

형이상학은
그럴싸한 뻥이다?!

03

우리는 누군가가 이해하기 어려운 이야기를 하면 "너무 형이상학적야"라고 말하고, 반대로 생활과 직접적으로 연결된 비근한 이야기는 형이하학적이라고 부르기도 한다. '형이상학'이라는 말은 무척 심오해 보여서, 듣는 순간 경외감과 거부감을 함께 갖게 된다. 그러나 이 말의 정확한 의미를 안다면 아마 많은 사람이 깜짝 놀랄 것이다. 나는 이 말을 "그럴싸한 뻥"이라고 설명하곤 한다. 근엄한 독자들은 나의 경박함을 꾸짖을 준비를 하실지 모르겠다. 하지만 꾸짖음은 이 글을 다 읽은 뒤로 잠시 미뤄주시기 바란다.

우리 딸아이가 세 살 때, 몇 가지 꽃을 알려주었더니 다른 꽃들도 보기만 하면 그것이 꽃임을 알아본다는 사실에 놀란 적이 있다. 세상에는 많은 꽃이 있다. 이들은 모양과 크기가 제각각인데,

우리는 왜 그 모든 것을 꽃이라 부르는 것일까? 그렇게 부르기로 약속했다는 것은 근대적 사고의 결과일 뿐이다. 근대와 중세를 가르는 중요한 특징 중 하나가 '계약'이라는 개념인 것이다. 설사 계약이라는 개념을 받아들인다 해도, 골목길에서 입 맞추는 연인의 행위도 사랑이고, 자식에게 회초리를 때리는 아버지의 행위도 사랑임을 이해하기는 쉽지 않다. 계약론에 익숙하지 않은 근대 이전의 사람들은 다른 방식의 설명을 필요로 했다.

누군가에 따르면, 태어나기 전에 우리의 영혼은 하늘나라에서 살았다. 그곳에는 우리의 영혼과 신들이 산다. 이 신들 가운데 하나가 이 세상에 존재하는 모든 것을 만들었다. 그런데 그 신은 피조물을 창조할 때 하늘나라에 존재하는 것들을 본떠서 만들었다. 하늘나라에 있는 것들이 일종의 설계도인 셈이다. 그런데 그 신의 능력이 전지전능하지는 못했나보다. 피조물을 설계도와 똑같이 만들지는 못한 것이다. 흔히 우스개로 말하듯이, 흑인은 너무 구워졌고 백인은 덜 구워졌다는 식의 이야기와 유사하다. 그래서 세상에는 다양함이 생겨나게 되었다. 다양한 꽃, 책상, 동물, 인간이 존재하게 된 것이다.

하늘나라에 살던 우리 영혼은 이 세계로 내려와 육체와 결합하게 된다. 그런데 하늘나라에서 이 세계로 내려올 때, 영혼은 사막을 지난 후 강을 건너게 된다. 사막을 지난 터라 목이 마르니, 모든 영혼이 강물을 마시는 상황이 되었다. 그 강물의 이름은 '레테Lethe'이며, 이는 우리말로 '망각'이라는 뜻이다.

우리는 하늘나라에 관한 모든 기억을 잊고 이 세상의 삶을 살아간다. 그런데 현실에 존재하는 여러 사물을 보면, 정확히는 아니지만 잊고 있었던 하늘나라의 사물들이 아련히 떠오른다. 어린 시절에 살던 동네나 첫사랑처럼, 까맣게 잊었다고 생각했는데 비슷한 대상을 만나면 당시의 일이 떠오르는 것과 같은 이치다. 물론 이 경우에는 망각의 강물을 마셨기 때문에 어린 시절의 동네나 첫사랑처럼 또렷하지는 않다. 하지만 꽃을 보았을 때 그것이 하늘나라의 꽃과 유사하다는 것 정도는 감지할 수 있는 것이다. 사실 우리 모두는 이미 그것을 알고 있었던 것이다.

　　우리는 우리와 전혀 다르게 생긴 사람을 봐도 그가 '사람'임을 알아볼 수 있다. (실제로는 존재하지 않는) 긴 손수건꼬리 원숭이를 한 번도 보지 못했더라도 그것을 만나면 원숭이임을 알아볼 수 있다고 생각한다. 이유는 간단하다. 표준적인 '사람'과 '원숭이'를 알고 있기 때문에 동종에 속하는 것을 만나면 바로 알아볼 수 있는 것이다. 이치는 같다. 우리의 이야기에서 설계도 역할을 했던 하늘나라의 사물이 표준적인 것이며, 이 땅의 존재물들은 그에 대한 모방물이자 하늘나라 사물의 동종에 속하기 때문에, 잠재의식 속의 표준적인 것에 대한 기억을 통해 동종의 대상들을 알아보게 되는 것이다.

　　관심 있는 독자들은 이미 눈치챘겠지만, 이것이 바로 플라톤의 이데아론이다. 하늘나라에 있던 설계도와 같은 것들이 이데아에 해당된다. 이데아론은 형이상학의 대표적 사례이자, 중요한 철학적 소재인 것이다. 중요한 점은 듣다보면 그럴싸하다는 것이다. 무당집에 가서 점을 봐도 그럴싸하기는 마찬가지다. 하지만 그에 대해 확인하거나 검증할 방법이 전혀 없는 점 또한 둘의 공통점이다. 무당집에서 점을 보는 것이 미신적이라면 형이상학이 미신과 다를 게 무엇인가? 조금 더 그럴싸하다는 것? 형이상학을 연구하는 분들에게는 죄송한 말이지만, 형이상학은 아무리 좋게 평가해도 미신과 학문의 중간 단계일 뿐이다.

형이상학이라는 말의 유래를 알고 보면 다소 어이없기까지 할 정도다. 당대 최고의 철학자였을 뿐만 아니라 과학자이기도 했던 아리스토텔레스는 『자연학Physica』이라는 책을 썼는데, 그 뒤에 매우 난해한 원고가 붙어 있었다. 책을 편집하던 사람이 이름을 어떻게 붙일까 고민하다가, "에이, 모르겠다. 자연학 '뒤에' 있으니 meta-physica라고 하자"고 한 것이다(meta라는 말은 '…너머' '…뒤에'라는 의미다). 게다가 내용상으로도 현실세계 '너머'의 절대적 원리에 대한 내용이었으니 금상첨화였던 셈이다.

동양에서도 형이상은 유사한 의미를 가진다. 『주역』에서는 "형이상을 도라고 하고, 형이하를 기라고 한다形而上者謂之道 形而下者謂之器"라고 적고 있다. 이 구절만으로는 이해하기 쉽지 않다. 당송팔대가唐宋八大家의 한 사람인 한유韓愈는 「원인原人」이라는 글에서 "저 위에 형체가 있는 것을 하늘이라 하고 아래에 형체가 있는 것을 땅이라 한다形於上者謂之天 形於下者謂之地"고 적고 있다. 형이상의 도란 하늘나라의 일을, 그리고 형이하란 이 땅의 사건들을 가리킨다는 것이다.

서양과 마찬가지로 동양에서도, 하늘나라에서는 이 세계를 지배하는 자연과학적 법칙이 적용되지 않는다고 생각한 것이다. 그리고 그런 세계의 일을 탐구하는 것이 바로 형이상학이다.

검증할 수 없는 절대적 원리를 주장하는 사람은 다른 모든 사람의 반론을 거부할 수밖에 없다. 계룡산에서 도를 깨우친 사람들은 누가 뭐라 해도 자신의 주장을 굽히지 않는 것이다. 세상 모든 사람이 자신과 다른 생각을 가지고 있다면, 그들 모두가 어리석을 뿐이라고 생각할 것이다. 그리고 그가 힘을 갖는다면, 당연히 힘으로라도 사람들을 제어해야 마땅하다고 생각할 것이다. 형이상학은 소수 지배의 논리적 근거인 셈이다.

종교, 형이상학,
그리고 따져 묻기

04

태초에 말씀이 있었다. 신이 곧 말씀이다. 그는 말로 세상을 창조한다. 왜? 애초에 말밖에 없었으니까. 5일 동안 세상 모든 것을 말을 통해 만들어낸 후(입 아팠겠다), 6일째 되는 날은 드디어 사람을 만들게 된다(아널드 슈워제네거가 주연한 영화 「6번째 날」의 제목은 바로 여기에서 연유한다). 신은 먼저 자신의 형상을 본떠서 흙으로 남성을 만든다. 그리고 그의 갈비뼈 하나를 뽑아 여성을 만든다. 그런 뒤에 신은 자신의 숨을 불어넣어음으로써 생명을 부여한다.

성경에서 천지창조를 묘사한 이 구절을 볼 때마다 의문을 금할 수 없는 부분은 한두 곳이 아니다. "사람도 그냥 말로 만들면 편할 텐데, 왜 굳이 흙으로 만들었을까?" 아니, 그보다 더 근본적인 문제는 "태초에 말씀뿐이었고, 신은 곧 말씀이며, 그래서 말로 세상을 창조할 수밖에 없었다면, 인간은 어떻게 흙으로 만들었단 말인가? 먼저 말을 통해 자신의 형상을 만들어내고, 그러고 나서 손으로 흙을 빚었단 말인가? 그러면 그 형상은 무엇을 본떴는가? 그냥 만들어낸 것이라면 태초에 말씀밖에 없었다는 주장이나 인간이 신의 형상을 따라 만들어졌다는 주장은 모두 무의미한 것 아닌가?" "인간에게 숨을 불어넣어 생명을 부여했다면, 다른 동식물이 가진 생명은 어떻게 된 것인가?"

질문을 던지자면 끝도 없다. 기독교 학자들 사이에서도 논란의 대상이 되는 다른 부분을 하나 더 살펴보자. 이는 「창세기」에 등장하는 이야기다.

아브라함은 자신의 아들 이삭을 죽여 희생물로 바치라는 신의 계시를 들었다. 외아들인 이삭을 모리아라는 곳으로 데려가서 불태워 죽임으로써 희생 의식을 치르라는 것이다. 신앙심이 깊은 아브라함은 하나님의 말씀대로 아들을 데려다가 나무로 제단을 쌓고, 칼을 뽑아 아들을 죽이고자 한다. 이때 다행히 천사가 나타나 아브라함의 행위를 중지시키고, 이삭 대신 양을 바치라고 말한다.

하나님은 전지전능한데, 왜 아브라함의 신앙심을 확인하고자 했을까? 얼마나 깊은 신앙심을 지니고 있는지 정도는 그냥 알아야 하는 것 아닌가? 아브라함의 입장에서는 하나님이 자신의 무고한 아들을 죽이라는 명령을 내렸을 때, 그에 대해 의심을 품었어야 하지 않을까? 사탄이 하나님의 목소리를 흉내 내어 자신을 속이는 것은 아닌지 하고 말이다.

의문은 한두 가지가 아니고, 신학자나 독실한 신자들은 나름의 설명을 하고자 하지만, 계속 따지고 든다면 그들은 결국 난관에 봉착할 수밖에 없다. 이때 그들이 할 수 있는 말은 "인간의 얕은 지혜로 신의 뜻을 판단하려 해서는 안 된다. 인간의 논리를 넘어서는 더 큰 목적이 있다" 정도일 것이다. 사실 이는 가장 종교적인 대답이기도 하다.

여담이지만, 무신론자인 나는 가끔 학생들에게 사이비 신자를 가려내는 방법을 알려주곤 한다. "종교를 믿는 이유가 무엇인가? 교회 혹은 절에 왜 다니는가?"라는 간단한 물음으로 충분하다. 여러분이 종교를 갖고 있다면 어떻게 대답할지 생각해보라. 종교인이 아니더라도 어떤 대답이 옳을지 생각해볼 수 있을 것이다.

만약 "천당이나 극락에 가기 위해서"라고 대답한다면 진정한 종교인이라고 할 수 없다. 그에게 종교란 내세를 보장하기 위한 수단이므로, 목적을 달성할 수 없다면 그 종교를 포기하고 개종하거나 믿음을 버리는 것이 합리적인 선택이기 때문이다. 이런 면에서 본다면 합격이나 승진을 위해 기도하는 종교인은 무속인이나 점집을 찾아가는 사람과 전혀 다를 바 없다. 진정한 종교인이 할 수 있는 유일한 대답은 "신의 영광을 위해서"다. 목숨을 바치는 이슬람 자살 폭탄 테러범들이 "인샬라", 즉 "신의 뜻이라면"을 외치는 것과 같이 말이다.

어쨌든 종교는 이 세상의 논리와 지혜를 초월해야 한다고 말한다. 하지만 모든 종교 경전은 이 세상의 언어로 이뤄져 있고, 설교나 설법 또한 말을 통한다. "언어를 통해 언어를 초월할 수 있는가?"와 같은 난해한 질문을 던지지 않더라도, 즉각적으로 드는 한 가지 의문은 경전을 쓰거나 설법을 행하는 사람들은 어떻게 그것을 알았으며, 어떻게 그것을 이 세상의 언어로 표현할 수 있었는가 하는 점이다.

독재자의 논리, 혹은 소수 지배의 논리인 형이상학의 모순이 바로 여기에 있다. 다른 사람들은 이해할 수 없는 것을 자신은 이해할 수 있다고 주장한다. 눈으로 보거나 귀로 들어서 검증할 수도 없는 사실을 말이다. 만약 그 주장에 대해 따져 물으면 자신과 같은 편의 다른 사람을 들먹인다. "성현이신 주자 선생에 따르면……" 처럼 말이다. 결국 모든 형이상학은 종교적 믿음을 요구하는데, 같은 신앙을 가지고 있는 사람의 증언에 의한 정당화는 정당화일 수 없다.

이러한 논리에 의해 지배되는 세계가 바람직하고 정의롭기란 어렵다. 가끔 성인군자가 지배자의 자리에 올라 이른바 '태평성대'를 이루었다는 기록도 있지만, 대부분의 시기는 지배 계층에 의한 착취와 억압으로 점철되어 있을 뿐이었다. 중국의 어떤 왕은 자신의 뱃놀이를 위해 대륙을 관통하는 운하를 건설했고, 조선의 사대부들은 성현의 도리를 내세우면서 반대파의 집권을 막기 위해 권모술수와 살육을 일삼았다. 심지어 중세 서양의 교회는 면죄부를 팔아먹기도 했다.

이러한 모든 행위가 형이상학적 진리라는 근거를 내세워 정당화되었지만, 그것이 사기 행각에 불과함은 몇 가지 사례를 통해 쉽게 입증 가능하다. 교회의 면죄부 판매 행위는 신의 뜻을 내세워 정당화되었다. 따져 묻는 사람이 있다면, "성경을 확인해보라"라고 말하면 그만이었다. 당시 성경은 라틴어로 되어 있어 사제들만이 그것을 읽을 수 있었으니 말이다. 조선의 사대부들도 마찬가지다. 성인의 경전을 읽을 수 있는 사람은 오직 그들뿐이었기 때문에 그런 행위가 가능했던 것이다.

루터가 성경을 독일어로 번역함으로써 중세 교회는 더 이상 사기를 칠 수 없게 되었을 뿐 아니라, 이전의 권위를 급속히 상실하게 된다. 성경이 번역되자, 신의 뜻을 내세우는 자들에게 "성경 어디에서 당신 말의 근거를 찾을 수 있소?"라고 물을 수 있게 되었던 것이다. 누구나 성경을 통해 신과 직접 소통할 수 있게 되면서, 만민 평등의 길이 열린 것이다.

형이상학에서
합의와 계약으로

05

부뚜막 귀신, 동자 귀신, 혹은 관운장의 혼령을 섬기면 미신으로 치부되지만, "전지전능하신 하나님!"을 외치면서 교회에서 기도하는 사람들은 고차원적인 종교 행위를 수행하고 있는 것처럼 여겨진다. 일반적으로 대다수의 사람은 다신교보다 유일신교가 종교적으로 발전된 형태라고 생각하는 것이다. 역사적으로 유일신교가 다신교 이후에 등장한다는 사실 또한 이를 방증하는 듯하다. 이는 사실일까?

그리스 신화에서도 볼 수 있듯이, 다신교에서는 숭배 대상의 특징이 매우 분명하다. 바다나 불 혹은 호랑이나 곰의 정령을 섬기는 부족을 생각해보라. 그들의 숭배 이유는 분명하다. 활활 타올라 모든 것을 태워버리는 불이나, 쓰나미에서 볼 수 있는 것처럼 한 마을 혹은 도시를 흔적도 없이 없애버리는 바다의 힘은 가공할 만하다. 호랑이의 용맹이나 곰의 힘도 경배의 대상이 되기에 충분하다.

중국인들이 가장 많이 추앙하는 관운장의 경우도 마찬가지다. 80근짜리 청룡도를 휘두르며 백만 대군을 무찌른 무술과 용기, 조조가 그를 회유하기 위해 엄청난 보물과 미인을 선사했음에도 이를 초개같이 버리고 유비를 찾아 떠난 신의와 절개, 어깨에 맞은 화살의 독을 치료하기 위해 생살을 째고 뼈를 깎아내는 고통을 신음 소리 한번 없이 참아낸 인내와 절제, 그리고 임종 시에 보여주었다는 기이한 사건들은 사후세계에서도 그의 정령이 얼마나 커다란 영향력을 발휘할 것인지를 쉽게 미루어 짐작할 수 있게 해준다.

하지만 유일신은 어떤가? '그'를 표현할 수 있는 유일한 길은 그저 "전지전능"이라고 말하는 것뿐이다. 불이나 바다, 호랑이나 곰, 혹은 관운장의 혼령과 비교하면 어떤 느낌이 드는가? 구체적인 생생함을 상실한 채 애매하고 추상적인 느낌만을 줄 뿐이다. 영국의 유명한 시인 윌리엄 블레이크는 유일신의 이러한 문제점을 비꼬아 그를 "Nobodaddy"라고 표현하기도 했다. "하나님 아버지"라고 부르지만, 정체조차 알 수 없는 존재라는 뜻이다.

소설보다 만화, 철학 이론보다는 옛날이야기로 이루어진 역사책이 더 재미있고 와닿는 이유는 그것이 구체적이기 때문이다. 숭배의 대상이라는 측면에서도 당연히 구체적인 존재에 대해서 더욱 경외심이 생길 수밖에 없다. 영화 「해운대」에서 볼 수 있는 쓰나미나 「주온」에 나오는 귀신이 더 무서운가, 아니면 전지전능한 하나님이 더 무서운가? 독실한 기독교 신자라도 후자라고 대답하기는 쉽지 않을 것이다.

그렇다면 다신교에서 유일신교로의 진행은 어떻게 해서 이루어진 것일까? 필자의 어린 시절에는 골목길에서 아이들이 로봇태권브이가 더 센지 마징가 제트가 더 센지 논쟁을 벌이곤 했는데, 종교 간의 대결을 이러한 관점에서 바라보면 유일신의 등장을 쉽게 이해할 수 있다. 자신의 부족이 섬기는 신이 더 강함을 주장하는 과정이 반복되면 전지전능한 유일신이라는 개념의 등장은 필연적인 것이다. 무슨 말이냐고? 좀더 쉽게 설명해보자.

불을 섬기는 부족과 바다를 섬기는 부족, 그리고 대지의 신을 섬기는 부족이 논쟁을 벌인다고 해보자. 불을 섬기는 부족은 "우리 신은 모든 것을 태워버릴 수 있지. 물도 증발시켜버리고 말이야"라고 의기양양하게 자랑할 것이다. 바다의 신을 섬기는 부족은 "무슨 소리야? 우리 신이야말로 불도 꺼버리고, 모든 것을 쓸어갈 가공할 힘을 가지고 있어"라고 주장할 것이고, 대지의 신을 섬기는 부족은 "흙은 불도 끄고 바다도 메울 수 있어"라고 주장할 것이다.

동네 꼬마들이 모여 자기네 형 자랑을 하다보면, 처음에는 태권도 2단에서 시작한 것이 몇 명을 거치면 "태권도 4단, 유도 5단, 우슈 3단, 검도 2단, 합기도 4단, 십팔기 3단……" 등등 해서 대충 무술 28단 정도에 권투, 레슬링 등 안 해본 것이 없을 정도가 되어야 최후의 승자가 될 수 있다. 한마디로 말하면 "우리 형은 못 하는 게 없어"가 되어야 최후의 승자가 될 수 있는 것이다.

종교 간의 논쟁도 여기서 크게 벗어나지 않는다. 최후의 승자가 되기 위해서는 "우리 신은 모든 것을 알고, 무엇이든 다 할 수 있어"라고 주장할 수밖에 없는 것이다. 그러한 존재를 내세운다면 다른 종교와의 이론 투쟁에서 실패할 리 없게 된다. 유일신교는 다른 모든 종교를 꺾고 종교의 왕으로 군림하게 된다.

하지만 형 자랑하는 아이들의 말싸움에서 태권도 4단짜리나 3년째 권투를 수련하는 형은 진짜 무서운데, 못 하는 게 없는 형은 얼핏 듣건 잘 생각해보건 그리 무섭지 않다. 이는 구체적 숭배의 대상과 전지전능을 비교해도 마찬가지다. 우리는 상상 속에서나마 헤라클레스의 울퉁불퉁한 근육과 가공할 힘, 아프로디테의 아름다움, 불의 신과 바다의 신이 보여줄 엄청난 분노와 대지의 신이 베풀어줄 풍요로움을 떠올릴 수 있다. 그러나 '전지전능한 하나님'은 어떤 특징을 가지고 있는지 상상할 수가 없다. 블레이크의 말처럼 그는 그저 "정체 모를 아버지Nobodaddy"일 뿐이다.

이런 면에서 볼 때, 어떤 유명한 학자의 말처럼, 다신교에서 유일신교로의 이행은 무신론으로의 발전을 예비하는 것이었다. 영화에서든 동화에서든 전설에서든 현실에서든 그 힘을 경험한 대상을 숭배하는 것은 쉽지만, 그냥 "우리 아빠는 무지무지 세! 못 하는 게 없어! 아무도 못 당해!"라는 말에 겁을 먹는 것은 철부지 어린 아이들뿐이다. 종교가 과거와 같은 영향력을 발휘하지 못하는 이유로는 여러 가지가 있겠지만, 종교 내부적으로는 이러한 측면 또한 존재하는 것이다.

루터의 종교개혁을 통해 모든 사람은 평등한 존재로서의 지위를 얻게 되었지만, 여전히 인간은 원죄를 가진 신 앞의 죄인이라는 의미에서일 뿐이었다. "신은 죽었다"고 선언한 니체로 상징되는 무신론의 등장으로 원죄의 굴레를 벗음으로써 모든 인간 개개인은 어떤 외부적 권위에 의해서도 좌우되지 않는 존재로 거듭나게 된다. 모든 것은 개개인의 선택과 결단에 달려 있다. 이것이 "실존은 본질에 우선한다"라는 실존주의의 핵심 내용이다.

우주를 관통하는 보편적 진리라는 형이상학적 본질에 삶의 의미와 목적이 종속되던 시대는 갔다. 중요한 것은 우리가 현재 이곳에 존재한다는 사실이며, 우리 삶의 의미와 목적은 우리의 선택과 결단에 의해 결정된다. 구성원 개개인이 궁극적 권위를 갖는 그러한 사회에서 사회의 모든 운영 원리는 개개인의 합의와 계약에 의해 결정될 수밖에 없다. 중세사회의 운영 원리가 형이상학이었다면, 근대사회의 지배 원리는 합의와 계약일 수밖에 없는 것이다.

익숙한 게 옳다는 것의 불공정함

06

생긴 것과 달리 나는 비위가 약하다. 100킬로그램에 가까운 거구임에도 가리는 음식이 아주 많다. 물론 조미료가 들어간 자극적인 음식도 싫어하지만, 내장탕이나 돼지국밥처럼 냄새가 나는 음식도 잘 먹지 못한다. 장모님이 처갓집에 찾아오는 사위를 두려워할 정도이니 말 다하지 않았는가?

그런 내가 특별히 더 싫어하는 음식이 있다. 그것은 바로 순대국밥이다. 거기에는 특별한 사연이 있다. 어릴 때 어쩌다 외식을 하면, 나를 제외한 나머지 가족 모두가 순대국밥을 먹자고 할 때가 있었다. 나는 기겁을 했지만, 가족들은 "야, 이 바보야. 그게 얼마나 좋은 건지 네가 몰라서 그래"라고 말하면서 타박을 주곤 했던 것이다. 안 그래도 비위를 거스르는 음식인 데다 좋지 않은 기억까지 있으니 그 음식을 특별히 싫어하는 것도 이상한 일은 아니다.

이런 일은 비단 내게만 국한되지 않을 것이다. 축구광은 축구가 얼마나 좋은 스포츠인가를 강조하며, 그것을 알지 못하는 사람은 인생을 모르는 거나 마찬가지라고 입에 거품을 문다. 바둑을 좋아하는 사람이나 음악을 좋아하는 사람, 춤을 좋아하는 사람 또한 마찬가지다. 자신과 다른 기호를 가졌다는 이유로 다른 사람을 한 번쯤 구박해보지 않은 이가 얼마나 될까? 음주를 강권하는 문화를 당연시하는 우리나라에서는 더 말할 필요조차 없을 것이다.

이런 우리에게 자신을 되돌아볼 여지를 주는 인상적인 영화가 있다. 매우 오래전에 제작되었고, 최근에 리메이크된 「혹성탈출」이라는 작품이다. 영화에서 우주비행사인 주인공은 정체 미상의 혹성에 불시착한다. 그런데 그 혹성은 원숭이가 지배하고 있고, 인간은 원숭이에게 사육을 당한다. 원숭이는 언어를 사용하여 문화와 기술을 향유하지만, 인간은 그저 짐승일 뿐이다. 주인공을 생포한 원숭이들은 언어를 이해하고 사용하는 인간을 신기해하며 연구 대상으로 삼는다.

이 영화의 결말은 충격적이다. 그 혹성은 바로 미래의 지구다. 인류의 지배욕이 가져온 핵전쟁의 폐허에서 인간과 원숭이의 지배 및 피지배 관계가 역전된 것이다. 이 영화에서 매우 인상적이었던 장면은 어떤 여성을 사랑하게 된 주인공을 보고 원숭이들이 "어머, 저 추한 인간도 사랑이란 것을 하나봐!"라며 놀라는 부분이다. 그리고 매우 로맨틱한 모습으로 키스를 한다.

영화를 보지 못했더라도 상상만으로 충분히 공감이 갈 것이다. 김태희와 이병헌의 키스와 원숭이들의 키스 가운데 어느 것이 더 아름답고 낭만적인가? 당연히 전자일 것이다. 그러나 그것은 우리에게만 해당될 뿐, 원숭이에게는 다르다. 우리에게는 미인인 여배우가 원숭이에게는 그저 우리가 암컷 원숭이를 바라보는 것 이상의 감흥을 일으키지 못한다. 원숭이 눈에는 원숭이가 가장 아름다운 것이다.

지금으로부터 2500년도 더 지난 먼 옛날에 살았던 장자라는 천재 사상가는 인간을 포함해서 세상의 모든 존재가 이렇듯 자기중심적일 수밖에 없음을 여실히 지적하고 있다.

사람은 습한 데서 자면 허리 병에 걸려 반신불수가 된다. 미꾸라지 또한 이러한가? 사람은 나무 위에 올라가면 떨어질까봐 무서워 벌벌 떤다. 원숭이 또한 이러한가? 이 셋 중에서 어느 것이 올바른 거처를 아는가? 사람은 소나 돼지를 먹고, 사슴은 풀을 먹으며, 지네는 뱀의 골을, 솔개와 갈가마귀는 쥐를 맛있게 먹는다. 이 넷 중에서 어느 것이 올바른 맛을 아는가? 편저狙원숭이는 암놈 원숭이와 짝하고, 고라니는 암사슴과 짝하며, 미꾸라지는 물고기와 더불어 논다. 사람들은 [전국시대의 미인인] 모장과 여희를 좋아하지만, 물고기가 그들을 보면 물속 깊이 숨고, 새가 그들을 보면 높이 달아나며, 사슴이 그들을 보면 마구 도망친다. 이 넷 중에 무엇이 진정한 미모를 아는가? 내 관점에서

보자면, 인의도덕(仁義道德)의 실마리나 시비판단(是非判斷)의 길도 마구 얽히고 뒤섞였으니, 내가 어찌 그것을 변별할 수 있겠는가?

여기서 인의도덕이란 현대어로 말하자면 '정의'와 같다. 모든 집단은 자신들의 의견만이 올바르고 정의롭다고 주장한다. 노동자와 사용자가 임금 협상을 하게 되면 "정의롭게 잘 해봅시다"라는 데에는 동의하지만, 막상 "무엇이 정의인가?"라는 문제에 부딪히면 자신들의 이익이 정의라고 주장한다.

장자는 그 원인을 시비(是非)라는 말의 어원과 그 의미의 변화로 설명한다. 흔히 "시비를 가린다"고 할 때 쓰는 이 말의 의미를 대다수의 사람은 '옳고 그름'이라고 알고 있으며, 또 그것을 당연시한다. 그러나 시(是)는 원래 '옳을 시'가 아니라 '이것 시'이며, 그 반대말은 '저것 피(彼)'이다. '옳고 그름'을 뜻하는 시비(是非)라는 말은 원래 시피(是彼)로부터 파생된 것이다. 시(是)와 피(彼)의 관계 및 의미는 영어의 this와 that의 그것과 정확히 상응한다. 전자는 자신에게 가까운 것을, 후자는 자신에게서 멀리 떨어진 것을 가리킨다.

사람은 누구나 자기에게 가까운, 다시 말해서 자신에게 익숙한 것을 옳은 것, 좋은 것으로 여기고, 자신과 멀리 떨어져 있는 대상(彼)의 입장을 그른 것, 나쁜 것으로 여긴다. 부모는 자식에게 자신이 원하는 목표를 추구하라고 하면서, 그것이 "다 너를 위해서야"라고 말한다. 정치인들은 자기 정당과 그 지지자들이 지향하는 바를 "국가와 민족을 위한 대의"라고 떠벌리고, 반대 정파의 주장과 의견은 치졸하고 천박한 것으로 치부한다.

그러나 옳은 것, 좋은 것이 실제로는 내게 가깝고 익숙한 것에 불과하다는 사실을 돌이켜본다면, 그래서 인간에게 공평무사하고 보편타당한 시각이란 애초부터 불가능하며, 인간은 좁은 소견을 가질 수밖에 없는 존재에 불과하다는 점을 반성해보면, 우리는 좀 더 겸손하고 관대해질 수 있을 것이다.

과거에 커밍아웃을 선언했던 배우 홍석천이 주변의 질시를 견디다 못해 방송계를 떠나면서 했던 말이 내 귀에는 아직도 쟁쟁하다. 그는 "제가 단지 여러분과 다르다는 이유만으로 저를 보기 싫으시다면, 저는 이제부터 방송에 나오지 않겠습니다"라고 말했던 것이다. 그런 슬픈 절규를 강요하는 일이 우리 사회에 더 이상은 없어야 할 것이다.

도道를 달리하는 사람과도 말을 섞어야 하는 이유

07

현대에 들어와 식자인 양하는 사람들이 자주 사용하는 말 가운데 '패러다임paradigm'이라는 것이 있다. 누구나 한번쯤 들어봤을 만하며, 많은 사람이 실제로 이 말을 쓰기도 할 것이다. 하지만 "패러다임이 무엇인가?"라고 묻는다면 쉽고 정확히 대답할 수 있는 사람은 드물 것이다. 하긴 정치, 도덕, 자유주의 등과 같이 일상생활에서 누구나 주저 없이 자주 사용하는 말에 대해서조차 그 정확한 뜻을 아는 사람이 흔치 않다는 사실을 감안한다면 이는 이상한 일도 아니다.

이 폼 나는 말의 원조는 토머스 쿤이라는 과학자다. 그는 『과학혁명의 구조』라는 기념비적인 저작에서 "패러다임의 전환"이라는 말을 통해 과학의 발전을 설명했는데, 그것이 일종의 유행어가 되어 과학뿐 아니라 인문사회학자들까지도 차용하고 있는 것이다. 하지만 상당수가 실제로는 그 정확한 뜻을 잘 모르고 있다.

이와 관련하여 학생들을 가르칠 때면 나는 "패러다임 대신 사용할 수 있는 말도 어떤 것이 있을까?"라고 묻곤 한다. 설사 동의어가 아닐지라도 특정 개념을 대체할 만한 용어를 알고 있다면 그 말을 이해한다고 할 수 있기 때문이다. 이를테면 많은 책에서 '관념'이라는 말을 사용하는데, 그 말의 의미를 이해하고 있는 사람은 많지 않다. 이는 독자뿐만 아니라 다수의 필자에게도 해당된다. 그 말의 뜻을 물어보면 오히려 묻는 것이 이상하다고 여기는데, 정작 설명은 하지 못한다. 그리고 그것이 '입장' 혹은 '생각'과 동의어 내지 유사어라고 말해주면 그제야 고개를 끄덕인다. 비로소 그 말을 더 정확히 이해한 것으로, 이해란 설명력을 동반해야 하기 때문이다.

그렇다면 패러다임은 어떤 말로 대체 가능할까? 이론, 사고틀, 세계관, 가치관 등등이 그것이다. 그렇다면 두 가지 궁금증이 생긴다. 첫째는 그런 보잘것없는 의미를 가진 말이 어떻게 센세이셔널한 반응을 일으켰는가이고, 둘째는 왜 그런 쉬운 말을 놔두고 어려운 말을 쓰는가 하는 점이다. 이러한 궁금증을 풀기 위한 전 단계로, 그 말의 의미를 이해하기 위한 사례를 들어보기로 하자.

여자는 예뻐야 한다는 지론을 가진 중견 사업가이자 노총각 동욱은 김태희 뺨치는 미인을 소개받았다. 그는 단번에 그녀에게 빠져들었고, 2주 만에 프러포즈를 한 뒤 결혼에 골인했다. 주변에서는 좀더 신중할 것을 권유했지만, 그는 "걱정 마. 예쁘면 뭐든 다 용서되는 법이야"라고 큰 소리를 쳤다.

그런데 결혼 후 작은 문제가 생겼다. 그녀가 집안일을 못 하겠다고 한 것이다. 고왔던 손이 망가지는 것을 견딜 수 없었던 것이다. 동욱은 가정부를 구해주었다. 시간이 지나면서 밝혀진 또한 가지 문제는 그녀가 사치품 마니아라는 사실이었다. 게다가 그녀에게는 주사도 있었다. 하지만 그의 지론 앞에서는 그녀의 술버릇마저 애교로 보였다.

시간이 지나면서 외출이 잦아지고 귀가 시간이 늦어졌다. 결혼 전부터 만나던 친구들이라고 해서 별로 신경 쓰지 않았는데, 점차 그들을 만나는 횟수가 늘었을 뿐만 아니라, 만났다 하면 노골적으로 밤늦게까지 술을 마시는 것은 예사이고, 연락 없이 외박을 하는 경우도 생겼다. 뭔가 찜찜했지만, 지론을 꺾을 수는 없었다. 여전히 그녀는 최고의 여자라고 스스로에게 각인시켰다. 그런데 그에게 주변 사람들의 목격담이 하나둘 들어오기 시작했다. 그녀가 외출과 외박이 잦은 이유는 많은 남성과의 복잡한 관계 때문이었다. 그가 따져 묻자, 그녀의 새로운 모습이 드러났다. 강짜를 부리고 폭언을 하는가 하면 폭력을 휘두르다가 결국은 자해를 하는 지경에 이른 것이다.

이제 그는 넌덜머리가 났다. 마침내 헤어지기를 요구하자, 그녀는 전 재산의 80퍼센트를 달라고 했다. 결혼 전 그녀와 헤어질

리가 없다고 생각하여, 만에 하나 헤어지게 되면 그렇게 하기로 서약서를 써준 것이 화근이었다. 동욱은 재판에서 패소하여 재산의 대부분을 잃은 채 암울한 시간을 보냈다.

몇 년 후 재기에 성공한 동욱은 다시 가정을 꾸리기로 결심한다. 그러나 주변 사람들이 어떤 여자를 소개해줄까 하고 물으면 "얼굴 예쁜 여자는 싫어요. 얼굴값을 한다니까요. 착하고 이해심이 많아야 해요"라고 대답했다.

이와 같은 상황을 이해하기에는 아무 어려움이 없을 것이다. 동욱은 좋은 여성에 관한 나름의 이론, 가치관, 세계관을 가지고 있었다. 주변 사람들이 아무리 반론을 제기해도 귀담아 듣지 않았으며, 결혼 후 자신의 이론에 반하는 증거가 끊임없이 발견되었을 때조차 그는 자기 입장을 고수했다.

그러나 자신의 이론으로는 설명할 수 없는 현상이 계속 나오고 축적되어 결정적인 계기가 생기자, 그는 자신의 이론을 완전히 포기한다. 그리고 혼란기를 겪은 뒤 전혀 새로운 이론을 채택하게 된다. 여기서 여성관 혹은 여성에 관한 이론이나 가치관이 패러다임에 해당되며, 낡은 여성관을 버리고 완전히 새로운 여성관을 채택한 사건을 '패러다임의 전환'이라 할 수 있는 것이다.

사람들은 시대와 환경에 따라 나름의 패러다임을 가지고 살아간다. 갈릴레오 이전에는 지구가 아니라 하늘이 돈다고 믿었다. 과학이란 관찰과 실험을 통해 입증된 이론이 아니라, 신의 뜻이나 형이상학적 목적인에 대한 탐구라고 믿었다. 진화론이 아니라 창조론이 정설이었고, 힐러리 클린턴이 아니라 신사임당이 훌륭한 여성의 전형이었다. 이러한 내용에 반하는 증거가 나와도 무시되었다. 문제점이 쌓이고 쌓이다가 특정한 계기가 마련되면 획기적이고 혁명적인 사고의 전환을 겪게 된다. 그것이 바로 패러다임의 전환인 것이다.

천동설에서 지동설로, 목적론에서 기계론으로, 창조론에서 진화론으로, 위계적 인간관계에서 평등한 사회로의 변화는 모두 패러다임의 전환이다. 쿤은 객관적이고 점진적으로 보이는 과학의 발전, 나아가 사고의 발전이 실제로는 획기적이고 혁명적인 것이라고 역설한다. 우리는 모두 시공간에 얽매여 살아가고 있다. 자신의 편견을 절대적이고 객관적인 이론으로 착각하고 있는 것이다.

이러한 착각으로 인해 서로 다른 패러다임을 가진 사람들 간에는 소통이나 대화가 불가능하다. 공자가 "도遵를 달리하는 사람들과는 논의하지 않는다"고 말한 것도 이 때문이다. 근본 원칙은 종교적인 것이며, 종교를 달리하는 사람들 간에는 대화로 합의점을 찾을 수 없는 것과 같은 이치다.

독단적이고 절대적 사고가 판치고 그 폐해가 말할 수 없을 지경에 이르렀을 때, 쿤은 우리에게 정말로 객관적인 듯 보이는 과학마저도 사회 구성원이 기존에 가지고 있는 세계관이나 가치관으로부터 자유로울 수 없음을 지적하며, 고정관념의 틀을 깨기 위해서는 뼈를 깎는 경험이 필요함을 역설한 것이다. 이러한 사실을 알게 되면 우리는 조금 더 겸손해지고, 타인과의 소통을 위해서는 한발 물러서야 한다는 진리를 더 쉽게 깨달을 수 있을 것이다.

극과 극은 통한다-
상대주의의 함정

08

지금은 어느덧 대학을 졸업한 조카가 고등학생일 때의 일이다. 조카는 길지도 않은 머리에 무스를 발라 세우고, 일자로 챙이 펴진 모자를 쓰며, 다리에 달라붙는 바지를 입고 싶어했다. 그런데 그런 조카의 어머니와 할머니, 즉 나의 누나와 어머니는 언제나 그것을 불만스레 여기며 야단을 치곤 했다. "너, 이놈의 자식! 복장이 그게 뭐고, 머리가 그게 뭐야?"

조카는 서슬에 눌려 입만 내민 채 아무 말도 못 했지만, 나는 그렇게 야단치는게 이해가 되지 않았다. 나는 두 사람에게 "아니, 머리를 저렇게 하고, 저런 옷을 입어서는 안 되는 이유가 뭐지? 다른 사람에게 피해를 주는 것도 아닌데? 나이를 더 먹으면 저렇게 하고 다니라 해도 안 해"라고 말했다. 내 반론을 접한 두 기성세대의 반응은 논리를 무시하고 권위와 힘을 내세우는 것이었다. 그들은 내 논변에는 귀를 막은 채, 내 옹호에 한 가닥 희망을 가지고 바라보는 조카에게 "어쨌든 안 된다면 안 되는 줄 알아. 학생이면 학생다워야지"라고 다시 못을 박았다.

맥락은 다르지만 유사한 사례가 하나 더 있다. 집사람의 친한 친구 한 명이 우리 집을 방문한 적이 있다. 그녀는 독실한 기독교 신자로, 미국에서 선교활동을 하다가 귀국하여 잠시 머무르던 중이었다. 그런데 그녀는 만난 지 얼마 되지 않은 내게 적극적으로 선교를 했다. 내가 철학을 업으로 하는 것을 알면서도 말이다. 나는 몇 차례 논의를 다른 방향으로 돌리고자 했으나, 그녀는 전혀 그럴 기미를 보이지 않았다. 내 완곡한 사양에도 불구하고, 무조건 자신이 믿는 종교를 믿어야 한다고 줄기차게 요구했다.

공격은 최선의 방어인지라, 결국 나는 그녀게 논리적 공격을 가하기 시작했다. 나는 그녀 주장의 문제점을 하나하나 거론했다. 그녀는 그때마다 성경을 이야기하며 다른 근거를 대고자 했지만, 나는 그러한 반응까지 예상하고 있던 터라, 결국 그녀는 궁지에 몰리고 말았다. 그녀는 울상이 되었고, 나는 웃으며 "그만하지요"라고 말했지만, 그녀는 그런 가운데서도 "아니에요. 어쨌든 하나님은 곧 진리이시고, 그분을 믿어야 하는 것은 당연해요"라고 말했다.

두 사례의 공통점은 "어쨌든"이라는 말로 결론이 났다는 것이다. 사실 그런 표현을 쓴다면 앞의 모든 논의는 무용지물이 되어버린다. 그 사람에게 애초에 대화 따위는 무의미했다. 무조건 자신의 주장을 관철하고자 했을 뿐이다. 논변은 요식 행위였으며, 논변을 통해 자신의 목적을 관철하지 못하면 결국은 권위나 힘으로 문제를 해결하고자 했다. 그것이 바로 자신 혹은 자신의 국가, 나아가 자신의 문화만이 옳다고 맹신하는 독단적인 절대주의자들의 전형적인 태도이자 문제점이다.

역사적으로 볼 때 이러한 태도는 소수 엘리트 혹은 독재자의 지배 논리로 작용했을 뿐 아니라, 다른 문화권에 대한 서구의 우월적 지위와 만행을 정당화하는 도구가 되어왔다. 타문화권에 대한 경쟁적인 억압과 착취가 극에 달했던 20세기 초의 비극적인 두 차례의 세계대전, 그 가운데 특히 근거 없는 우월의식에 기초하여 무고한 수백만 명의 생명을 가스실로 보냈던 오만함은 인류로 하여금 그러한 독단적인 태도에 대해 반성을 촉구했다.

이에 대한 응답으로 등장한 것이 바로 상대주의다. 모든 주장 혹은 문화나 관습은 나름의 고유한 가치를 갖는다는 의미다. 존재하는 것은 차이일 뿐, 옳고 그름이 아닌 것이다. 사상적으로 20세기는 상대주의의 시기였다고 해도 과언이 아니다. 상대주의는 관용의 대명사였다. 이는 아직도 상당 부분 진행형이다. 학생들과 토론 수업을 하거나 사람들과 대화를 하다보면 상대주의라는 말로 모든 문제가 해결되는 듯한 환상이 지배적임을 실감한다.

상대주의에 대한 일반적 견해는 지극히 교과서적이다. 우리나라 교과서에서는 상대주의를 관용의 사상이라고 부르면서, "하지만 지나친 상대주의에 빠질 경우 회의주의에 이르는 부작용을 낳을 수 있다"고 설명한다. 그 이상의 설명은 없다. 교과서의 설명이 합리적이려면 회의주의가 무엇인지, 그것이 어떤 부작용을 낳는지, 지나친 상대주의에 이르지 않고 관용의 사상을 갖기 위해서는 어떻게 해야 하는지 등등이 분명히 언급되어야 한다. 하지만 교과서의 설명은 거기서 끝이다.

내가 사람들에게 상대주의에 대해 따져 물으면 그들은 "그러면 교과서의 내용이 잘못되었단 말입니까? 당신이 교과서보다 더 권위를 가지고 있다는 뜻입니까?"라고 묻곤 한다. 외관상 나는 일종의 함정에 빠진 셈이다. 그렇다고 대답하자니 주제 모르는 교만한 학자로 치부될 테고, 아니라고 대답하자니 일관성 없이 오락가락하는 한심한 선생이 되는 것이다. 하지만 뭔가 이상하지 않은가? 상대주의를 신봉하는 그들의 태도가 "어쨌든"을 외치던 앞의 사례와 유사하지 않은가?

사실 상대주의라는 이론은 그 자체로 성립 불가능하다. 역설적인 것이다. 상대주의자는 절대주의의 독단을 지적하면서, "절대적이고 보편적인 것은 존재하지 않는다. 절대성과 보편성에 대한 주장은 독단과 억압 및 폭력을 낳고 정당화할 뿐이다. 모든 주장과 문화 및 관습은 타자의 잣대에 의해 평가나 비교 불가능한 나름의 가치를 갖는다. 그러한 것들에 대해 우열을 가릴 수는 없으며, 따라서 자신의 기준으로 타자를 비판해서도 안 된다"고 말할 것이다.

무비판적으로 바라보면 정말 그럴싸하고 관용적인 태도처럼 보인다. 그러나 그는 과연 논리적이고 일관된 태도를 견지하고 있는가? 타자를 비판해서는 안 된다던 그는 비판적 태도를 취하고 있다. 절대적 진리를 거부하던 그는 최소한 자신의 주장만큼은 절대적인 것처럼 말하고 있다. 우열을 비교할 수 없다던 그는 다른 사람들을 가르치고자 하고 함을 내보인다.

절대주의와 상대주의는 사실 동전의 양면이다. 불간섭을 표방한다는 면에서는 절대주의와 다른 듯하지만, 대화의 단절로 이어질 수밖에 없다는 점에서 상대주의도 결국은 힘의 논리로 귀결될 수밖에 없다. 역사 교과서의 문제점을 지적하는 다른 국가들에게 "각자에게는 각자의 역사가 있다. 그에 대해 간섭하는 것은 바람직한 태도가 아니다"라며 자신의 길을 고집하는 일본의 태도가 이를 잘 보여준다.

우리에게는 민족사관인 것이 상대에게는 식민사관일 수밖에 없다는 점을 떠올린다면 이해하기 쉬울 것이다. 일본의 '진출'이 우리에게는 침략이듯이, 광개토대왕의 '진출' 역시 누군가에게는 침략일 것이다. 이명박 정권의 대표적 보수 인사에 속하는 김문수씨와 이재오씨가 과거 보수 진영으로부터 "빨갱이"라고 불릴 정도로 극좌에 속했다는 사실 역시 이러한 점에 비춰봐야만 쉽게 이해할 수 있다.

공자와 아리스토텔레스가 최고의 덕목을 중용에서 찾은 이유도 아마 그 때문일 것이다. 넘치는 것 역시 모자라는 것과 별반 다를 바 없는 것이다.

우리는 어느 쪽 앎을
강화해야 하는가

09

고대 그리스에서 살았던 소크라테스와 그보다 1500년 이상의 시간과 동서의 지리적 간극을 두고 명나라에서 살았던 왕양명이라는 두 사상가의 공통점은 지행일치知行一致를 주장했다는 사실이다. 동양이든 서양이든 사상사를 공부하다보면 예외 없이 마주치게 되는 이 말의 의미는 그리 간단하지 않다. 만약 그들이 의도한 바가 "앎과 행동은 일치해야 한다"는 당위적인 주장이었다면 하등 이상할 것이 없으며, 그 주장에 반대할 사람도 거의 없을 것이다. 그렇다면 그들은 "착하게 살자"와 같은 하나 마나 한 좋은 말씀 한번한 셈에 불과하다. 당연히 그에 대해 더 생각하고 논의해볼 여지란 별로 없다.

이런 내용을 정확히 표현하면 '지행당일치知行當一致' 혹은 '지행

수일치知行須一致'가 되어야 할 것이다. 당위를 의미하는 조동사가 들어가야 하는 것이다. 의도적이든 실수이든 간에 조동사가 포함되지 않은 그 문장은 당위가 아니라 "앎과 행동은 일치한다"라는 사실을 진술하는 것으로 읽어야 마땅하다. 그들의 의도가 이것이었다면, 그 말에 동의하는 사람은 아마도 거의 없을 것이다. 그것은 일반적인 상식과 전혀 동떨어져 있기 때문이다. 그리고 이렇게 해석할 때 그 말은 진정 획기적인 의미를 갖게 된다.

논의를 진행하기 전에, 이 지점에서 먼저 지적하고 넘어가야 할 점은 바로 철학의 부재다. 철학을 조금이라도 공부했든 그렇지 않든 간에, 누구나 한번쯤은 접해봤을 이 말이 이렇게 전혀 다른 두 가지 의미를 가질 수 있다는 사실에 대해 생각해본 사람은 거의 없을 것이다. 그리고 전자의 경우 별로 논의할 가치가 없다는 사실이나 후자의 경우 많은 복잡한 문제가 얽혀 있다는 사실에 대해 주목해보거나 혹은 한 번이라도 생각해본 사람 또한 거의 없을 것이다. 상식과 전혀 동떨어진 주장을 듣고서도, 그것이 단지 유명한 사상가들의 발언이었다는 이유 하나만으로 의심을 품거나 따져 묻지 않고 그저 암기하고 지나갔을 뿐인 것이다. 이것이 한국에서 이루어지고 있는 사상 교육의 현주소다.

사실 논리적으로 따져볼 때 문제가 그리 복잡한 것은 아니다. 앞서 밝힌 것처럼 전자는 교장 선생님 혹은 주례 선생님의 좀체 귀에 들어오지 않는 훈화에서 자주 들을 수 있을 뿐 아니라 이견의 소지나 논의의 가치가 거의 없다. 이 말이 실제로 중요한 의미를 갖기 위해서는 당연히 후자여야 한다. 그리고 나는 상식과 동떨어진 이 주장이야말로 앎의 진정한 가치와 역할을 보여주는 중요한 발언이라고 생각한다. 나 역시 그들처럼 앎과 행동은 일치한다는 사실적 언명이 참이라고 믿는 것이다. 아는 사람은 반드시 행동하기 마련이며, 행동으로 옮기지 못하는 이유는 알지 못하기 때문인 것이다.

독자 여러분은 내 주장에 당연히 반대할 것이다. 그렇다면 이유는 간단하다. 내가 지지하는 그 주장은 전칭명제의 형식을 띠고 있기 때문이다. 그 주장이 "어떤 일부의 앎은 행동과 일치한다"라는 의미라면 그에 반대할 사람은 전혀 없을 것이며, 그것을 당위적으로 해석했을 때와 마찬가지로 논의의 여지나 가치가 거의 없기 마련이다. 그것이 정당하게 논변의 대상이 되기 위해서는 "모든 앎은 행동과 일치한다"고 해석되어야 마땅하다. 전칭긍정인 것이다. 그리고 전칭긍정에 대한 반박은 매우 간단하다. 특칭부정명제를 거론하기만 하면 되는 것이다. 이를테면 "모든 여성은 남성보다 힘이 약하다"라는 주장에 대한 반박을 위해서는 남성보다 힘이 강한 여성 한 명을 보여주는 것만으로도 충분한 것이다.

이제 나를 포함한 지행일치론자들은 "모든 앎은 반드시 행동과 일치한다", 다시 말해서 "알면 반드시 행동하기 마련이다"라고 주장하고 있는 셈이다. 이에 반대하는 사람이 있다면 알면서도 행동으로 옮기지 못하는 사례를 하나만 성공적으로 거론하면 될 것이다. 일견 이는 아주 쉬워 보인다. 담배를 끊어야 한다는 것을 알면서도 계속 피우고, 그래서는 안 된다는 것을 알면서도 바람을 피우며, 다이어트를 해야 한다는 것을 알면서도 밤에 치킨과 맥주를 먹곤 한다. 이러한 사례는 무궁무진해 보인다.

그렇다면 지행일치론자들의 주장은 너무나 무모한 것일까? 사실은 그렇지 않다. 위에 거론한 것을 포함한 모든 상황에서 우리의 행동을 결정짓는 것은 단순히 한 가지 앎이 아니다. 상충하는 두 가지 이상의 앎이 있으며, 그 갈등 상황에서 한쪽이 승리하는 것이다. 담배가 몸에 해롭다는 것을 알지만, 담배를 한 대 피웠을 때의 그 행복감 또한 안다. 후자가 더 강한 앎이기 때문에 전자를 포기하는 것이다. 나머지 모든 경우도 마찬가지다. 바람을 피워서는 안 되는 것을 알지만, 그 혹은 그녀와의 데이트나 애정 행각이 얼마나 짜릿하고 감미로운지에 대한 앎은 더욱더 강력하다. 살을 빼야 한다는 마음도 절실하지만, 바삭하고 고소한 치킨에 시원한 맥주 한 잔의 맛이 얼마나 감동적일지는 더 잘 안다.

그러한 결정이 두 가지 앎의 대결에서 비롯된다는 사실은 한쪽 앎을 강화시켜주었을 때 다른 행동을 하게 된다는 사실에서 더 잘 드러난다. 유명 야구 해설가인 하일성씨는 죽을 고비를 넘긴 후에 담배를 끊었다. 흡연의 쾌락에 대한 앎에 굴복했던 담배의 해로움에 대한 앎이 죽을 고비를 넘기면서 극적으로 강화된 것이다. 우리나라의 경우는 그렇지 않지만, 대다수의 국가에서 담뱃갑에 끔찍한 사진을 의무적으로 싣는 것은 그러한 앎을 다소나마 강화시키기 위한 조치다. 바람을 피우는 사람에게는 배우자가 어렴풋이 그 사실을 눈치채고 있고 증거를 잡기 위해 노력 중이라는 사실을 알려주는 것으로, 그리고 치킨과 맥주의 유혹에서 벗어나지 못하는 사람에게는 그런 일이 지속될 경우 1년 후에 그 자신이 어떻게 변해 있을지를 정확히 보여주는 것으로 반대쪽 앎이 강화될 수 있다.

군대에서 아무 필요도 없어 보이는 정훈 교육을 하는 이유나, 시어머니가 잔소리를 계속하는 이유도 사실은 잠재의식 속에 특정 규범에 대한 앎의 강도를 높이기 위함이다. 다른 측면에서 보면 이러한 사실은 인격을 수양하는 단서를 제공하기도 한다. 강제로 실시되는 봉사활동을 통해 봉사의 필요성에 대한 앎이 강화되면 그것이 자발적 봉사로 이어지기도 한다. 소설이나 역사서를 통해 특정 사건을 간접 경험함으로써 자신은 절대로 저렇게 행동해서는 안 된다는 앎이 확고해지기도 한다. 삶에 대한 가치관을 확고히 한다는 것은 직간접적 경험을 충분히 함으로써 자신이 나아가야 할 방향과 내용에 대한 앎을 강화하는 과정이다. 자신이 옳다고 생각하는 혹은 부정의하다고 생각하는 분야에 대해 깊이 공부함으로써 자신의 삶이 바람직한 방향으로 나아갈 수 있도록 동력을 제공하는 것이다.

절충안의
함정

10

학생들에게 글쓰기와 토론을 가르치다보면 서구권에서 공부한 학생들과 국내에서 공부한 학생들 간에 커다란 차이가 있음을 발견하게 된다. 서구권에서 공부한 학생들은 자신의 의견을 분명하고 솔직하게 얘기하는 데 주저함이 없는 반면, 국내에서만 공부한 학생들은 자신의 의견을 개진할 기회가 주어지는 것 자체를 부담스러워할 뿐 아니라 기회가 주어지더라도 솔직하고 분명한 의사 표명을 하는 것을 매우 꺼린다. 그리고 가능하면 중재안 내지 절충안을 택하곤 한다.

사실 학생들이 이런 태도를 취하는 까닭은 우리의 암울한 교육 풍토 때문이다. 서구권의 학교에서는 학생들이 엉뚱한 대답을 하더라도 일단 "정말 훌륭하구나. 어떻게 그런 기발한 생각을 할 수 있었니?"와 같은 반응을 보인다. 설사 그 대답이 문제가 많은 것이고, 그에 대한 진지한 지적이 필요하더라도 말이다. 반면 우리나라 학교에서는 (많은 변화와 발전이 있었음에도 여전히) 정해진 정답을 맞힌 자만이 우등생으로 대접받는다. '틀린' 대답을 하면 비난을 감수해야 하는 것은 물론, 때로는 체벌과 같은 모욕적인 대접을 받기도 한다.

결과적으로 정답에 대해 확신에 가까운 자신감을 가진 최상위권의 학생들이나 이른바 '돌아이' 기질이 있는 학생들이 아니면 혼이 나거나 비난을 받는 일을 피하는 것을 목표로 삼게 된다. 다투고 있던 두 하인 모두에게 "네가 옳다"고 말한 황희 정승처럼, 명확하지 않은 태도를 보임으로써 칭찬은 못 받을망정 비난만은 피하고자 하는 것이다.

하지만 글이든 토론이든 간에 논쟁 상황에서 많은 학생이 중재안을 선호한다면 논쟁 자체가 성립되기 힘들다. 그뿐만 아니라 논쟁에 적극적으로 참여함으로써 얻을 수 있는 배움의 기회를 스스로 원천적으로 봉쇄해버리는 셈이 된다. 논쟁의 양 당사자가 자신의 태도를 분명히 밝히면, 서로에 대한 비판이 이어지고 그에 대응하는 과정에서 자기 주장의 문제점을 발견하며 그것을 보완하거나 혹은 포기하는 과정을 통해 지적으로 성장하게 되는데, 중재안을 택할 경우 그런 생생한 배움의 기회가 애초부터 주어지지 않는 것이다.

문제는 거기서만 그치지 않는다. 논술이나 자기소개서의 작성 혹은 면접과 같이 당락이 결정되는 시험에서 절충안을 택하는 것은 대체로 위험한 선택일 수밖에 없다. 절충안을 택할 경우, 수험생들은 "내년에 해결책이 마련되거든 다시 오게!"와 같은 말을 들을 각오를 해야 한다는 사실을 인지하지 못하고 있는 것이다. 그것은 바로 절충안이 가지고 있는 복잡성 때문이다.

대표적인 사례로 낙태에 관한 논쟁을 들어보도록 하자. 낙태에 관해서는 극단적인 두 가지 입장이 있을 수 있다. 하나는 모든 낙태를 허용하자는 주장이며, 다른 하나는 모든 낙태를 금지하자는 주장이다. 그리고 그 가운데에는 우리나라 법규에서 채택한 것과 같은 절충안이 존재한다. 낙태를 원칙적으로 금지하되, 강간이나 근친상간에 의해 임신이 된 경우, 기형아 출산의 위험이 있는 경우, 그리고 산모의 건강에 심각한 위협이 될 경우 등에 한해 임신 28주 이내에 제한적으로 낙태를 허용하는 것이다.

학생들에게 이 문제에 대한 입장을 물으면 대다수의 학생은 절충안을 선호한다. 아마 대다수의 국민도 마찬가지일 것이다. 이렇게 절충안이 대부분을 차지하는 분위기에서는 명확하게 자기 의견을 발표한 자가 이상한 사람 취급을 받게 된다. 모든 낙태를 허용해야 한다거나 혹은 그 반대의 주장을 개진하면 비정상인 취급을 받는 것이다.

그러나 좀더 깊이 따져 들어가보면 문제는 의외로 단순하다. 절충안은 논리적 일관성을 갖추기가 쉽지 않은 것이다. 핵심 논점은 태아를 온전한 인권을 가진 사람으로 보느냐의 여부다. 사람이 아닌 것으로 본다면 모든 경우에 낙태를 허용해야 하는 게 분명하다.

반면 사람으로 본다면 산모의 생명이 위험한 경우를 제외하고는 결코 낙태를 허용해서는 안 된다. 충돌하는 것은 생명권과 행복권이기 때문이다. 강간의 경우를 생각해보라. 아무리 산모가 괴롭다 해도, 산모의 행복권이 태아의 생명권보다 중요하다고 할 수 없다. 태어날 생명을 위해서, 그가 불행할 것이기 때문에 낙태를 허용해야 한다는 주장은 전혀 설득력이 없다. 의사 표명이 힘든 중증장애인이 (비장애인이 보기에) 불행해 보인다고 해서 그를 죽이는 것이 정당화될 수는 없는 것이다.

그렇다면 절충안의 경우는 어떠한가? 태아는 어느 시점부터 사람이 되는가? 분명 그들은 어느 시점에서부터 인간의 본질적 특성이라고 할 수 있는 무언가를 갖게 된다고 주장하겠지만, 한 가지 분명한 것은 절충론자들 사이에서도 그에 대한 합의를 보기 어렵다는 사실이다. 자기 집단 내부에서조차 의견 차를 좁히지 못한 상태에서 입장을 달리하는 집단의 구성원들을 설득한다는 것은 어불성설이다.

결국 절충안이란 새로운 문제를 잉태하기 마련이다. 학생들이 논술 답안에 절충안을 써놓으면, 나는 "그래서 어떤 기준에 따라 절충해야 한다는 말인지는 분명히 밝혀져 있지 않군요. 이런 시험지를 보면 채점자는 내년에 기준이 마련되었을 때 다시 오라는 말을 하고 싶어집니다"라며 충고한다.

일부 우수 학생이 '정답'을 독점하고, '오답'을 말하면 욕먹고 매 맞는 사회 풍토에서 자란 학생들에게 창의성을 기대하기란 어렵다. 자신의 주장을 분명히 내세우지 못하고, 따라서 격렬한 논쟁을 통해 따져 묻고 비판받아가며 배울 기회를 상실해왔기 때문이다. 그런 학생들을 가르치다보면 한국 교육의 놀라운 모습을 발견하게 된다. 대학원 진학을 준비하는 학생들조차 토론과정에서 그들이 내리는 결론은 물론 사례까지도 무섭도록 획일화된 경우가 많은 것이다.

창의성이란 언제나 엉뚱한 발상에서 시작된다. 라이트 형제나 에디슨, 혹은 『해저 2만리』의 작가인 쥘 베른과 같은 사람들은, 적어도 그들이 성공을 거두기 전에는 비정상적인 '미친놈'들이었음을 기억해야 한다. 그러한 천재들이 탄생할 수 있는 토양은 누구나 자신의 의견을 분명하고 자신감 있게 개진할 수 있는 풍토이며, 그것은 남들이 보기에 오답인 듯해도 이유를 묻고 먼저 칭찬을 한 뒤 정중하게 질문과 비판을 가하는 문화에서 비롯된다.

언제나 튀지 않기 위해 절충안을 선택하는 학생들의 슬픈 모습은 국가를 운영하는 정치인들에게서도 여지없이 드러난다. 우리나라 관료들은 복지부동을 추구하고, 정치인들은 여야를 막론하고 중산층을 대변하며, 국민 전체를 포용하는 좋은 정치를 하겠다고 말한다. 야당을 택하는가 여당을 택하는가에 따라 국가가 어느 방향으로 흘러갈지 쉽게 짐작할 수 있는 선진국과 달리, 공약이라는 것이 거기서 거기이니 누구를 뽑아야 할지 혼란스러울 수밖에 없다. 이것이야말로 국민이 정치에 무관심해지는 가장 커다란 원인이다. 하긴 그들 역시 절충안을 택하게 만드는 풍토에서 교육받고 성장해왔으니 그것이 어찌 그들만의 탓이겠는가? 그러나 원인이 그러하다면 후세들은 그렇지 않도록 해야 그들과 국가의 미래에 서광이 비칠 수 있음을 잊어서는 안 될 것이다.

쓸모없는 삶을 택하는 자들의 지혜(?)

11

10여 년 전 「금홍아 금홍아」라는 영화에서 의외의 소득을 얻은 적이 있다. 당시 내가 좋아했던 여배우가 나오는 에로영화로 알고 찾아 봤는데, 그게 의외로 명작이었던 것이다. 그 영화는 여전히 에로로 분류되어 있지만, 김갑수와 김수철의 연기가 돋보였을 뿐 아니라 이상이라는 작가의 작품세계에 대해 다시 한번 생각해보는 계기가 되었다(그 영화가 더 좋았던 이유는 애초의 내 목적을 잘 충족시켜주었기 때문이기도 하다).

사실 이상이라는 작가는 많은 사람이 이상하게 여기는 이상한 시와 소설을 썼다. 나는 영화를 보면서 그가 왜 그런 작품세계를 갖게 되었는지 나름대로 재구성할 수 있었다. 엘리트 지식인이 기생에게 기생하며, 술과 담배에 탐닉하던 것과 같은 이유였던 것이다. 어떤 영화평론가는 그 영화가 여자에 빠진 이상만을 그렸을 뿐, 식민지 시대 지식인의 고뇌를 그리지 못했다고 비판했지만, 나는 오히려 영화 속에서 그 평론가가 비판했던 내용을 볼 수 있었다. 적어도 영화에 대한 내 해석은 그랬다.

내가 영화에 대해 그런 해석을 하게 된 것은 아마도 난세에 대처하는 현명한 지식인의 자세에 관심을 가졌기 때문일 것이다.

춘추전국시대 말기 한나라의 왕족인 한신은 진시황에 의해 6국이 망하자 한나라 부흥에 굳은 뜻을 품게 되었다. 진시황의 친위대는 그러한 반란을 막기 위해 전국 요소요소에 삼엄한 감시의 눈길을 보냈고, 조금이라도 의심의 여지가 있는 사람은 가차없이 처단하곤 했다. 한신은 그러한 감시의 눈길을 피하기 위해 보잘것없는 사람으로 위장해야 했다. 병법에 대한 엄청난 지식을 가졌으며 무술 실력도 뛰어났지만, 그는 기생에게 돈을 타 쓰는 기둥서방 노릇을 했고, 언제나 걸식을 하며 술에 취해 지냈다. 왕족의 상징인 긴 칼을 차고 다녔지만, 그것을 진나라 군사는커녕 동네의 무뢰한들에게조차 뽑아본 적이 없었다. 하루는 불량배들이 무능하면서도 왕족의 옷을 입고 큰 칼을 차고 다니는 한신을 조롱하던 가운데 그중 한 명이 "칼을 뽑아 나에게 덤벼보라. 그럴 자신이 없다면 내 가랑이 밑으로 개처럼 기어 지나가거라. 그러면 살려줄 것이요, 그러지 않으면 가만히 두지 않겠다"고 말했다. 한신의 마음속에는 분노가 치밀어올랐다. 칼을 뽑으면 그들 몇 명을 해치우는 것은 일도 아니었지만, 그것은 자신의 정체를 노출시켜 큰일을 그르치는 행위였다. 결국 한신은 순간의 노여움을 참고 그의 가랑이 밑으로 기어 지나감으로써 싸움을 피한다. 하루는 배가 몹시 고파서 식사를 하는 노인들의 모습을 보며 군침을 흘리노라니, 그중 한 노파가 그를 불쌍히 여겨 밥을 나누어주었다. 한신은 그 밥을 맛있게 먹고 점잖게 나중에 신세를 갚겠노라고 말했다. 그러나 그 노파는 버럭 화를 내며, 자기 처지에 맞지 않는 허언을 하지 말라고 충고한다. 그저 젊은 걸인이 불쌍해서 밥을 나누어주었을 뿐, 그런 말도 안 되는 보은에 대한 약속을 기대하진 않았다는 말이다.

이제 같은 한나라 출신조차도 그를 무위도식하는 쓸모없는 인간으로 여기며 손가락질할 정도였다. 그러나 그러한 그의 모습은 진나라 친위대의 감시망마저 벗어나게 해주는 커다란 무기가 되었다. 사상범이나 국지적 반란의 혐의자들에 대한 수사가 있을 때에도 한신은 언제나 예외로 취급되었다. 저런 바보 머저리가 그런 일에 가담할 가능성이 없다는 것이었다. 이렇게 인고의 세월을 거쳐 한신은 유방이라는 장수의 참모가 된다. 항우와의 싸움에서 고전하던 유방에게 탁월한 병법을 알고 있고 웅지를 품은 한신을 얻은 것은 범이 날개를 단 것과 같았다. 그는 병법의 역사에 없던 배수진을 치는 등 맹활약을 하며, 역발산기개세의 절세 명장 항우를 곤경에 빠뜨려 결국 한나라 개국의 일등공신이 된다.

『손자병법』의 저자인 손무의 손자 손빈은 신선의 경지에 이른 귀곡 선생의 문하에서 수학하고 있었다. 당시 귀곡 선생의 문하에는 종횡가의 대표인 소진과 장의를 비롯한 천하의 인재들이 모여 있었다. 그러던 중 동문인 방연이라는 자가 먼저 하산하여 위나라에서 커다란 공을 세우게 된다. 뛰어난 병법을 발휘하여 주변 국가들을 제압하고 위나라를 강대국의 반열에 올려놓은 것이다. 그러자 귀곡 선생의 친구인 묵적(묵자)은 손빈에게도 세상에 나가 뜻을 펼칠 것을 권유한다. 귀곡 선생은 손빈에게 『손자병법』을 전수해주며, 그것을 달달 외울 것을 주문한다. 그러고는 그 책을 불태워버린다.

묵적의 소개로 손빈은 위나라에 가서 방연과 함께 큰 뜻을 펴고자 한다. 위나라 왕은 쌍수를 들어 환영했지만, 방연은 좌불안석이었다. 자신보다 능력이 뛰어난 손빈에게 주도권을 빼앗길 것이 두려웠기 때문이다. 그는 간첩 사건을 조작하여 손빈을 옭아맨다. 그러나 그는 『손자병법』이 탐났다. 그리하여 손빈의 무릎 연골을 빼 걷지 못하도록 한 뒤, 자신이 사형 위기에 처한 손빈을 구한 척하고는 『손자병법』을 필사해줄 것을 부탁한다. 당연히 하인을 가장한 감시자가 따라붙는다. 순진한 손빈은 그를 생명의 은인으로 여겨 필사를 완성해가지만, 시간이 흐르면서 손빈의 인격에 반한 그 감시자는 사정을 모두 털어놓게 된다.

손빈은 딜레마에 빠졌다. 목숨을 구하자니 원수에게 할아버지의 병법을 넘겨야 하고, 그렇게 하지 않으려니 목숨을 내놓아야 한다. 이 절체절명의 순간에 그는 스승의 옛 가르침에 따라 묘안을 생각해낸다. 필사하던 『손자병법』을 불태우고, 돼지우리에서 자며 돼지 똥을 먹는 등 미친 행각을 벌이기 시작한 것이다. 처음에 방연은 깊은 의심의 눈초리를 보냈지만, 오랫동안 보통 인간으로서는 할 수 없는 일을 태연하게 해내는 손빈의 모습에 방심하여 감시를 소홀히 하게 된다. 손빈은 그 틈을 타 자신의 고국인 제나라로 탈출하여, 방연의 위나라를 무찌르는 것을 필두로 커다란 공을 세운다.

공자는 "나라에 도가 있을 때에는 가난하고 천한 것이 부끄러운 일이며, 나라에 도가 없을 때에는 부유한 것이 부끄러운 일이다"라고 말한 바 있다. 하지만 엘리트 지식인은 부유하기를 포기하는 것만으로 충분하지 않다. 그들은 잠재적 위험 분자로서 끊임없이 감시의 대상이 되고, 회유를 통해 조력할 것을 요구받기 때문이다.

이광수와 모윤숙 같은 유명한 문학인들이 친일 대열에 합류한 것은 단순히 부귀영화를 누리기 위해서만은 아닐 수도 있다. 그들 역시 딜레마에 빠진 것이다. 독립운동과 같은 가시밭길을 걷는다는 것은 말처럼 쉬운 일이 아니다. 그렇다고 일제 치하에 살면서 방관자적 태도를 견지할 수만도 없다. 비협조는 곧 반역으로 간주되기 때문이다. 그것이 실제 이상의 생애와 일치하든 그렇지 않든 간에, 영화에서 그려진 이상의 모습은 한신이나 손빈과 같은 현자들이 난세에 대처하는 모습을 떠올리게 한다. 반쯤은 미친 쓸모없는 인간의 삶을 사는 것이다. 난세에 목숨을 걸고 자신의 뜻을 펼칠 수 없다면, 그것이야말로 현자들이 택해야 할 가장 유력한 대안이다. 그렇지 않다면 곡학아세에 대한 강요나 협박을 이겨내기 힘들 것이며, 그것은 지식인이 넘지 말아야 할 한계선을 넘는 것이기 때문이다. 일제강점기 하에서 어쩔 수 없이 친일을 한 민초들에게는 관용을 베풀어야겠지만, 지식인들에게는 그것이 용납될 수 없는 것이다.

영화에서 가장 인상적이었던 장면은 이상과 함께 미친 사람처럼 살아가던 『봄봄』의 작가 김유정이 폐병에 걸려 죽음에 이르렀을 때의 모습이다. 중병에 걸려서도 미친놈처럼 행동하던 김유정은 문병 온 이상에게 "살고 싶네"라고 진심을 토로하며 대성통곡을 했다. 본모습과 진심을 숨기고 광자로 행동하는 것, 그것은 지식인들이 난세에 최소한의 지조를 지키기 위한 최후의 수단인 것이다.

남아수독오거서男兒須讀五車書의 비밀

12

장자가 자신의 친구인 혜시를 두고 평가한 데서 말미암은 '남아수독오거서男兒須讀五車書'라는 말이 있다. 대장부는 모름지기 다섯 수레 분량의 책을 읽어야 한다는 말이다. 남녀평등의 시대가 되었으니, "지식인을 자처하려는 사람은 모름지기 다섯 수레 분량의 책을 읽어야 한다"로 옮기는 것이 더 마땅할 것이다. 이 말을 듣고 가슴이 뜨끔하지 않은 사람은 거의 없을 것이다. 자신이 살아오면서 과연 어느 정도의 책을 읽었는가 하고 반성해본다면 말이다.

우리의 기를 꺾을 만한 또 한 가지 사실은 수레라는 게 우리가 생각하는 이른바 '리어카'가 아니라는 것이다. 학부 시절 학교 근처에 '달구지'라는 술집이 있었는데, 그 집 내부에는 말 그대로 달구지 한 대가 덩그마니 놓여 있었다. 그런데 그 달구지를 둘러싸고

30여 명이 족히 술을 마실 만했으니, 그 크기를 짐작할 수 있을 것이다. 지금으로 말하면 수레 한 대에 1톤 트럭 한 대 분량의 짐 정도는 실을 수 있을 듯하다. 이 글을 읽고 있는 여러분은 과연 몇 수레의 책을 읽었는가? 아마 한 수레 이상이라고 말할 수 있는 사람도 매우 드물 것이다.

그러나 이에 대해 기가 죽거나 부끄러워할 필요는 전혀 없다. 단언컨대 여러분 모두는 아마 20~30수레분의 책을 읽었음에 틀림없다. 물론 앞서 말한 대로 수레의 크기는 어마어마하지만, 문제는 책의 성질에 있었다. '책冊'이라는 한자는 대나무를 조각 내어 거기에 글을 쓴 뒤 그것을 묶었음을 보여주는 상형문자다. 책을 셀 때 '말다'라는 의미의 '권卷'자를 붙였다. 그것을 운반하거나 보관할 때는 돌돌 말아야 했기 때문이다. 문제는 대나무책, 즉 죽간竹簡에만 있는 것이 아니었다. 볼펜이나 샤프가 있었을 리 없고, 동물의 털로 만든 붓을 사용했을 것이기 때문이다. 그렇다면 당시에는 안부를 묻는 편지 한 통만 써서 말아놓더라도 그 분량이 어마어마할 수밖에 없었을 것이다. 따라서 수레의 크기가 아무리 큰들 다섯 수레라고 해봐야 현대의 대하소설 한 질도 안 될 것이다. 이제 여러분 모두 안심하시길 바란다.

여기서 조금 돌아가보도록 하자. 서양 최초의 문학작품이 호머의 『일리아드』와 『오디세이아』라는 사실은 한번쯤 들어봤을 것이다. 그보다는 생소하겠지만 동양 최초의 문학작품이 『시경詩經』이란 것도 들어봤음 직하다. 이들의 공통점은 그것들이 모두 시詩라는 사실에 있다. 호머의 작품들이 서사시라는 사실은 중고등학교 수업 시간을 통해 누구나 배웠겠지만, 막상 호머의 작품을 읽어보면 "이게 무슨 시야?"라는 생각을 하지 않을 수 없게 된다. "그래서 그것을 서사시라고 부르잖아"라는 대답으로는 충분하지 않다. 도무지 납득이 가지 않기 때문이다. 그나마 『시경』의 작품들은 시 비슷한 형태라도 갖추고 있는 반면 말이다.

수수께끼의 열쇠는 그것들이 노래 가사였다는 점에 있다. 그리고 그것을 노래로 불렀다는 것은 당시에 문자로 정보를 전달하는 것이 불가능하거나 혹은 용이하지 않았음을 의미한다. 축적된 삶의 지혜를 전승하기는 해야겠는데, 그 양이 방대하여 구전이 쉽지 않다면 방법은 하나뿐이다. 바로 노래로 부르는 것이다.

학부 시절 교수님 한 분이 『주역』의 64괘를 외워오라는 숙제를 내준 적이 있다. 64개밖에 되지 않으니 쉬울 것이라는 생각과는 달리 좀처럼 외워지지 않았다. 동료와 함께 이 방법 저 방법 궁리하다가 생각해낸 것이 음악에 맞춰 노래 가사로 부르는 것이었다. 내 동료는 신승훈의 「보이지 않는 사랑」에 맞춰 외웠고, 나는 영화 「소오강호」의 주제가에 맞춰 외움으로써 성공했던 기억이 있다. 옛날 선비나 승려들이 경전을 암송할 때 언제나 운율에 맞췄던 것도 같은 이유에서다. 노래로 부르지 않는다면 "한국을 빛낸 100명의 위인들"처럼 긴 가사를 외운다는 것이 얼마나 어려운 일이겠는가?

이러한 이유로 당시에는 시를 얼마나 많이 외우고 있는가가 지식인을 가늠하는 척도였다. 외교 사신들의 회합에서도 시로 의견을 주고받는 게 관례였다. 상대 국가의 사신이 읊은 시가 어떤 내용을 담고 있는지를 올바로 파악해서 적절한 시로 답하지 못한다면 사신으로서의 자격 미달일 뿐만 아니라 국가의 위신을 실추시키는 결과를 면하기 어려웠다.

흔히 인류의 4대 발명으로 종이, 인쇄술, 화약, 나침반을 꼽는다. 주목할 만한 점은 절반에 해당되는 두 가지가 언어와 밀접한 관련을 맺고 있다는 사실이다. 인간은 종이와 인쇄술의 개발을 통해 위에서 서술한 것과 같은 곤혹스러운 상황을 타개하고 지식과 정보의 효율적 전달을 통해 획기적인 문화의 발전을 이룰 수 있었던 것이다.

사실 이러한 문화의 발전이야말로 인간만이 동물과 달리 이성을 가지고 있음을 보여주는 증거이기도 하다. 인간과 동물의 차이로 흔히 인간만이 이성을 가지고 있다고 말하지만 그것을 입증할 수 있는 방법은 없다. 인간의 두뇌를 해부한다고 해서 이성 자체나 이성을 관장하는 기관이 나오는 것도 아니다. 지혜의 축적을 통해 본능적인 자연 상태로부터 이탈하여 다양한 삶의 방식을 개발한 것이야말로 그 유일한 추론 근거인 것이다.

혹자는 일부 유인원이 도구를 사용한다거나 혹은 비버처럼 댐을 쌓기도 하는 동물이 있다는 사실을 거론하며 이에 반대할 수도 있다. 그러나 그 유인원의 도구 사용이나 비버가 댐을 쌓는 방식은 수백 년 전이나 지금이나 다를 바 없다. 그 동물들의 행위는 지식의 축적에 의한 발전이라는 문화의 특성을 보여주지 못한다는 의미에서 본능적 행위에 불과한 것이다.

문화의 발전은 인간만이 언어를 사용한다는 증거이기도 하다. 물론 동물들도 단편적 음성 신호를 통해 의사 전달을 할 수 있을지 모른다. 하지만 지혜를 축적하여 환경의 요구에 대응할 수 있는 수단을 창출해내는 기능을 할 정도의 언어를 사용하는 존재는 없다고 단정적으로 말할 수 있다. 그런 존재가 있었다면 노래든, 죽간이든 혹은 다른 어떤 방법을 통해서든 축적된 지혜를 통해 삶의 방식을 변화시키는, 다시 말해서 자연 상태의 본능에서 벗어난 나름의 문화를 소유하는 모습을 보였어야 하는 것이다.

이러한 언어의 사용이야말로 인간만이 이성을 소유하고 있다고 주장할 근거가 된다. 사실 '언어language'와 '논리logic', 그리고 '이성reason'이라는 개념은 동일한 어원을 가지고 있다. 성경에서 "태초에 말씀이 있었다"고 할 때, '말씀'에 해당되는 단어는 바로 logos이며, 이것이 바로 세 가지 개념의 어원인 것이다.

다양한 자격시험에서 언어적인 능력을 평가하는 이유는 바로 여기에 있다. 언어의 발달은 이성적 사고의 범위가 확장됨을 의미하는 것이다. 언어를 유려하고 폭넓게 사용하는 사람은 그렇지 않은 사람에 비해 훨씬 더 논리적이고 풍부한 사고력을 가지고 있다고 볼 수 있다. 그는 좀더 이성적인 인간이며, 문화적 인간이기도 한 것이다.

제2부

×

정치를 위한
지적 무기

독재자의 논리를
격파할 지적 무기를
가지고 있는가

13

리비아의 카다피 정권이 결정적인 붕괴 위기에 놓인 지도 벌써 몇 년이 지났다. 이제는 초라하고 실패한 독재자의 전형으로 전락했지만, 그도 한때는 이슬람식 사회주의를 표방하며 리비아와 중동의 혁신을 추구한 개혁가였다. 27세에 왕정을 타파하는 혁명을 일으켰으며, 석유 생산 시설을 국유화하여 영국과 미국 등의 일방적 석유 시장 독점에 제재를 가했을 뿐 아니라, 중동 지역에 강력한 이슬람 국가를 건설하여 서구 강대국들의 영향력에서 벗어나고자 했다.

그가 몰락의 길을 걷기 시작한 것은 정확히 말해서 미국으로 대표되는 강대국의 제재 때문이었다. 그가 추구한 반미反美, 반유대 정책으로 리비아는 미국에 의해 테러 지원국으로 낙인찍혀 경제

봉쇄와 군사적 제재를 동시에 받게 되었다. 그는 민주화 시위를 강압적으로 진압했을 뿐 아니라 그의 사저에서 황금으로 된 소파가 발견되는 등 사치와 전횡을 일삼은 타락한 독재자의 모습으로 부각되지만, 이슬람의 시각에서 보면 영웅일 수도 있는 인물이다. 그런 면에서 본다면 카다피가 계속해서 '순교자적 저항'을 외쳤던 것은 이상한 일이 아니다.

많은 사람이 아주 쉽게 생각하듯이 카다피의 행동이 개인적인 탐욕에 대한 위장일 뿐이라고 비판한다면 어떨까? 그는 물론 수긍하지 않을 것이다. 그에 대해 "당신은 비열한 거짓말을 하고 있을 뿐이다"라고 말한다면 카다피의 입장에서는 할 말이 없을까? 그렇지 않다. 그것은 상대방을 비난하고 욕하는 행위가 될 수 있을지언정, 그의 주장에 대한 논박은 될 수 없다. 상대방의 주장을 비판할 때에는 잠정적으로나마 그가 최선의 의도를 가지고 있다고 전제해야 한다는 '자비의 원칙'을 어겼기 때문이다.

카다피도 그러하겠지만, 대부분의 독재자는 국가와 민족을 위해 독재자라는 오명을 무릅쓰기로 결심했다고 주장한다. 이에 대해 많은 사람은 독재자가 얼마나 많은 피해를 입혔는가를 지적하곤 하지만, 바보가 아니라면 독재자도 그에 대해 이미 준비가 되어 있다. 그것은 국가와 민족의 좀더 장기적인 이익을 위한 불가피한 희생이라는 것이다. 어리석은 대중은 근시안적인 견지에서밖에 바라보지 못하기 때문에 자신과 같은 인물이 필요하다는 주장이다.

이러한 독재자의 주장은 결코 독자 여러분이 코웃음쳐버리고 넘어갈 만한 황당무계한 것이 아니다. 누구나 한번쯤 들어봤을 플라톤의 철인왕 이론이 그와 정확히 동일한 논리에 근거하고 있기 때문이다. 플라톤에 따르면 우리 모두는 동굴 속에 손발이 묶여 갇힌 채 세계의 실상을 모르는 죄수와 같다. 우리는 그저 동굴 밖의 빛에 의해 동굴 벽에 비친 그림자만을 볼 뿐이다.

우리 가운데 한 사람이 죽을힘을 다해 사슬을 풀고 동굴 밖으로 나가 세계의 실상을 봤다고 해보자. 동굴 안에서 본 것들이 실상의 그림자에 불과함을 깨닫고, 동굴 안의 동료들에게 연민을 느껴 동굴 안으로 돌아가 실상을 알리고자 한다. 동굴 속 동료들의 반응은 어떨까? 그의 말을 믿지 않을 뿐 아니라, 그가 계속 자신들의 무지를 지적하고 실상을 알리고자 한다면 그를 죽이려들 것이다. 이것이 바로 플라톤의 스승 소크라테스가 처했던 운명이다. 또한 역사상 박해를 받은 많은 선각자가 처했던 운명이기도 하다.

소크라테스와 같은 선각자들은 탈선하려는 아들이나 학생들을 옳은 길로 이끌어야 하는 부모 혹은 선생의 입장에 처해 있는 셈이다. 흡연에 중독된 학생들에게 토론을 통해서 자발적으로 학생들에게 흡연을 허용해야 하는가를 결정하게 한다면 어떻게 될지는 불 보듯 뻔하다. 하지만 선각자 입장에 선 선생은 그러한 결정을 수용할 수 없다. 성숙한 판단을 내릴 능력이 없는 학생들에게 흡연이란, 당장 눈앞의 욕구는 충족시켜줄지 모르지만, 인생 전반을 놓고 봤을 때 장기적으로 커다란 피해가 될 것임은 자명하기 때문이다. 선생은 매를 들어서라도 그들을 바로잡아야 한다.

카다피의 입장에서 본다면, 리비아 국민은 이른바 '민주화'에 대한 당장의 욕구를 자제하고 서구 열강의 제국주의적 압박에 맞서 싸워야 했다. 그것이 리비아, 나아가 이슬람권의 주권을 사수하는 유일한 길이다. 한국 현대사에 연이어 등장한 독재자들의 논리도 이와 다르지 않다. 자유와 민주에 대한 요구를 잠시 억누르고 안정과 발전에 헌신하는 것이야말로 국가와 민족의 장구한 발전을 위한 필수 조건이라는 것이다. 그에 맞서 민주화를 외치는 사람들은 눈앞의 이익에 눈이 멀어 국가와 민족의 발전을 저해하는 자로 간주된다.

북한의 권력자를 포함한 모든 독재자의 논리는 이것이다. 그들의 시도가 성공을 거두고 있을 때는 당연히 그들의 주장이 정당화된다. 하지만 만약 카다피처럼 실패한다면? 그들에게는 또 다른 대답이 준비되어 있다. 자신들은 대중을 올바른 길로 이끌려다 죽어간 플라톤의 스승 소크라테스와 다를 바 없으며, 자신들을 올바로 평가해줄 것은 역사뿐이라는 것이다. 소크라테스와 같은 선각자의 사례를 인정한다면 이 역시 참으로 그럴싸한 논리 아닌가? 이제 그들에게 어떻게 대답할 것인가?

독재자는 투쟁을 통해 타도해야지, 무슨 토론 따위가 필요하느냐고 반문해서는 곤란하다. 타도를 위해서는 명분이 있어야 한다. 명분 없는 투쟁은 또 다른 명분 없는 투쟁을 불러오기 마련이다. 동서양을 막론하고 왕조가 바뀔 때면 새로운 왕조의 개창자는 언제나 고민에 휩싸였다. 명분 없이 혁명을 일으켰다가는 자신이 선례가 되어 언제든지 그와 같은 사람이 또 나와 뒤통수를 때릴 수 있기 때문이다.

물론 기존 체제를 타도하기 위한 세력뿐만 아니라 옹호 세력도 나름의 명분을 가지고 있다. 그렇다면 가능성은 둘 중 하나다. 명분이고 나발이고 힘으로 제압한 뒤 모든 반항을 진압하거나, 명분 싸움에서 이겨서 광범위한 지지를 획득하는 것이다. 독재를 비판하는 자가 첫 번째 방법을 택할 수는 없다. 결국 그에게 남은 방법은 명분 싸움뿐이다.

게다가 힘으로 독재를 타도할 수 있을지는 몰라도, 새로운 사회를 건설할 수는 없다. 이상사회의 건설도 힘으로 하고자 한다면, 독재를 무너뜨린 세력이 다시 독재를 하겠다는 것밖에 안 된다. 사상적 기반이 부족하면 소모품으로서 투사는 될 수 있을지 몰라도, 건설적인 정책가가 될 수는 없는 것이다.

이러한 독재자의 논리는 학교, 가정, 직장 등 사회 모든 분야에서 찾아볼 수 있다. 우리나라의 민주화가 진척되면서, 소모적인 논쟁과 혼란에 염증을 느껴 과거의 '안정된' 사회를 그리워하는 사람들이 적지 않다. 그들은 물론 앞서 말한 독재자의 논리에 상당 부분 공감할 것이다. 여러분은 그중 한 명인가, 아니면 독재자의 논리를 격파할 지적 무기를 가지고 있는가?

정치와
도덕 사이에서

14

평소에 아무런 의심 없이 사용하면서도 실제로는 그 뜻을 정확히 알지 못하는 말들을 꼽는 것은 전혀 어렵지 않다. 앞서 설명했던 형이상학은 물론이거니와, 자유주의나 민주주의와 같은 말들조차 그것이 무엇인지 설명해보라면 이해하기 쉽게 풀어서 말할 수 있는 사람은 드물다. 이제 이러한 말의 의미를 정확히 이해하기 위해 노력하는 시간을 가져보고자 한다. 그래야 아는 척했다가 무식이 탄로 나는 비극적 사태를 막을 수 있을 것이다.

가장 먼저 다뤄볼 것은 정치와 도덕이라는 개념이다(본격적인 논의를 시작하기에 앞서 '개념'이라는 말의 뜻을 알고 있는지 스스로 물어보길 바란다. 쉽게 자가 진단해볼 수 있는 방법은 그 말을 대신할 만한 어휘를 찾아보는 것이다. 그 자리에 '어휘' '단어' '말' 등이 들어갈 수 있다고 자신 있게 말하는 사람은 '개념'의 의미를 알고 있는 것이다). 일상생활에서 아주 자주 사용하는 이 두 가지 개념에 대해서 정확히 설명할 수 있는 사람은 아마 1퍼센트도 되지 않을 것이다.

먼저 이 말들이 주는 뉘앙스를 생각해보자. '도덕'이라는 개념은 뭔가 멋져 보이면서도 고리타분하고 꽉 막힌 느낌을 주는 반면, '정치'라는 개념은 어딘지 세련되어 보이면서도 진실하지 못한, 사기의 냄새를 풍기기도 한다. 이는 기회주의적인 철새 정치인들의 모습 때문만은 아니다. 두 개념의 본질적인 의미와 관련이 있는 것이다.

앞서 설득하려면 사례를 들라고 강조한 바 있으므로, 이해를 돕기 위해 알기 쉬운 사례를 들어보도록 하겠다. 대북 정책에 있어 부시로 대표되는 미국 공화당 정권과 이명박 정권은 상당한 유사성을 지니고 있었으며, 반대로 민주당 정권과 김대중-노무현 정권 역시 마찬가지였다. 그렇다면 양자 가운데 어느 쪽이 남북관계에 대해 정치적 해결을 추구했을까?

쉽지 않은 문제이지만, 부시 전 대통령이 북한을 '악의 축'이라고 표현한 것에 착안해보면 해결의 실마리를 찾을 수 있다. 전자는 남북관계를 선악의 틀 속에서 다루고 있다. 자유주의 체제를 채택한 남한과 미국은 선이며, 그 반대편에 있는 북한을 비롯한 사회주의 국가들은 악이다. 선과 악, 좋음과 나쁨, 옳음과 그름 등의 틀 속에서 문제를 다루는 것은 정치일까 아니면 도덕일까? 그것이 후자임을 이제 쉽게 짐작할 수 있을 것이다. 그리고 도덕이 가치 판단과 관련된 문제라는 것도 이해할 수 있을 것이다.

반면 김대중-노무현 정권은 문제를 다른 시각으로 바라보았다. 6.15 남북 공동선언에서도 알 수 있듯이, 가장 기본적인 전제는 서로에 대한 인정이다. 상대방을 일단 악으로 규정해버리면 남는 것은 투쟁뿐이다. 선을 자처하는 입장에서는 악을 없애기 위해서, 그리고 악으로 지목된 쪽에서는 살아남기 위해서 싸워야 하는 것이다. 폭력은 불가피하다. 하지만 상대방을 인정한다면? 당연히 대화와 소통이 문제 해결의 방식이 될 것이다. 정치란 바로 그런 것이다.

부시와 이명박 정권은 북한 정권의 붕괴를 목표로 삼았다. 절대 악 그 자체와 대화를 한다는 것은 있을 수 없으며 있어서도 안 되는 일이다. 반면 김대중-노무현 정권은 대화 및 소통을 통한 평화와 공존을 목표로 했다. 정치란 바로 이런 것이다. 일방의 목표를 강요하지 않고, 서로의 존재와 공간에 대한 인정에 기반하여 합의를 이끌어내고자 하는 노력이 바로 정치인 것이다.

도덕과 정치를 단순화시켜 비교해보면, 도덕은 전근대적이고 형이상학적인 세계의 잔재이고, 정치는 근대의 산물이라고 할 수 있다. 신의 명령이나 우주의 보편 원칙과 같은 개념에서 탈피한 근대 정신은 바로 합의와 계약인 것이다. 그리고 합의와 계약의 기본 전제는 상대방에 대한 인정, 다시 말해서 다원성에 대한 인정이다.

김대중 전 대통령과 김정일 국방위원장이 합의한 6.15 남북 공동선언에서는 이른바 '낮은 단계의 연방제'안을 명시하고 있다. 남과 북 양측이 현재 채택한 체제를 인정하고 교류를 확대해나가면서 평화와 공존을 공고히 하자는 것이었다.

국회에서도 특정 정당이 자신들만 옳다면서 대화나 합의 자체를 거부하고 시위를 벌이는 경우가 있다. 이럴 때 우리는 "정치가 실종되었다"는 표현을 한다. 그렇게 말하는 이유는 간단하다. 그런 행태는 선악을 나누어 선을 실현하고 악을 근절해야 한다는 도덕적인 태도를 취하고 있기 때문이다.

'도덕'이라는 개념에서 다소 고리타분한 뉘앙스가 풍기는 것은 그 개념이 가진 전근대성 때문이다. 학생이나 자식의 의견을 묵살하는 선생님 혹은 부모님의 태도는 도덕적인 것이다. 자신이 옳고 상대방은 그르다고 단정짓기 때문이다. 그러한 분위기 속에서 이루어지는 교육은 더불어 살아감의 가치를 등한시하기 마련이다.

여기까지만 놓고 보면 현대를 사는 우리는 도덕적 태도를 버리고 오직 정치 지향적인 삶을 살아가야 할 듯하다. 평화와 공존 이상의 가치가 있을 수 있겠는가? 그렇다면 '정치'라는 개념에서 풍기는 부정적 인상은 무엇 때문일까? 모든 것을 대화와 합의로 풀어가는 것에 무슨 문제라도 있단 말인가?

현재 우리는 안정된 민주사회에 살고 있다. 그러나 불과 30여 년 전만 하더라도 군부독재의 시퍼런 서슬 하에서 숨을 죽이고 살아야 했다. 아련한 기억 속의 일이지만, 12시가 넘으면 밖에 나가지도 못했고, 노래 가사가 권력자의 마음에 들지 않으면 방송이 금지되었으며, 대머리 연기자가 출연을 거부당하는 웃지 못할 일도 있었다.

우리가 오늘날의 자유를 누릴 수 있게 된 것은 목숨을 바쳐 싸운 많은 민주 투사와 그에 힘을 실어준 시민들의 투쟁 덕이다. 만약 그들이 자유로운 민주사회라는 이상을 위한 투쟁을 포기하고, 독재자들과 정치적인 타협을 추구했다면 어떻게 되었을까? 더 거슬러올라가 일본 제국주의의 지배에 맞서 독립운동을 하던 투사들에게 왜 정치적인 해결을 추구하지 않았느냐고 반문할 수 있을까? 불의와의 정치적 타협을 추구하는 이들은 기회주의자에 불과할 따름이다.

이제 피상적이나마 정치와 도덕에 대한 이해가 가능해졌다 하더라도, 문제는 여전히 남는다. 어느 순간에 정치적 해결을 넘어서 투쟁의 길을 택할 것인가? 그리고 그것을 누가 결정한단 말인가?

우익과 좌익,
그리고 자유주의

15

김대중 전 대통령과 노무현 전 대통령이 정권을 잡고 있던 시절, 두 사람은 보수 진영은 물론 진보 진영으로부터도 욕을 먹곤 했다. 보수 진영에서는 색깔론을 내세우며 두 사람이 좌익이라고 매도했고, 진보 진영에서는 두 사람의 정책을 신자유주의적이라고 비판했다. 여기서 문제가 되는 것은 좌익이라는 게 무엇 때문에 죄가 되는지, 그리고 신자유주의 정책이라는 게 왜 비판의 대상이 되는지이다. 이 두 단어 역시 우리가 아무 생각 없이 흔히 들어 넘기고 또 사용하면서도 그 정확한 의미를 모르는 대표적인 것들이다.

먼저 '좌익左翼'은 말 그대로 '왼쪽 날개'라는 뜻이다. 그러니 그 말 자체에는 정치적이거나 도덕적인 의미가 전혀 담겨 있지 않다. 이 말이 특정한 의미를 띠게 된 것은 프랑스 혁명 이후다. 혁명기 국민공회에서 의장석 좌측에는 급진파인 자코뱅파가, 우측에는 온건파인 지롱드파가 자리를 잡은 사건에서 유래한다. 당시에는 급진파건 온건파건 모두 사회 변화를 원했으나, 이후에는 사회의 현상 유지를 원하는 집단을 우익, 그리고 사회 개혁과 변화를 원하는 집단을 좌익이라고 부르게 된 것이다.

다시 말해서 좌익이라는 말은 진보와 거의 동의어이며, 개혁보다 좀더 급진적인 의미를 담고 있다. 역으로 우익은 보수와 동의어다. 여기서 중요한 것은 사회와 상황에 따라 그 의미가 가변적이라는 사실이다. 예를 들어 남한에서는 자본주의를 옹호하는 사람이 보수이자 우익이겠지만, 북한과 같은 사회주의 국가에서는 당연히 그런 사람들이 진보이자 좌익이 된다.

이렇듯 그 말의 정확한 의미를 알고 나면, 이 말들이 왜 욕으로 받아들여질까 하는 의문은 더 짙어진다. 정치란 당연히 사회를 변화시키고자 하는 집단과 현상을 유지하고자 하는 집단이 대결하는 장일 수밖에 없다. 그러한 상황에서 상대방을 '좌익'이라고 말하는 것은 사실 "당신은 현상을 유지하려는 우리와는 다르오!"라고 말하는 것밖에 되지 않는다.

그 말을 일종의 비판으로 여기게 된 것은 반공 이데올로기 때문이다. 독재 정권 하에서는 사회의 부조리에 항거하는 모든 사람을 공산주의자의 은어인 '빨갱이'라고 매도하고, 그것을 좌익과 동의어로 사용한 것이다. 다시 말해서 자신들이 집권하고 있는 현 상황을 변화시키려는 모든 시도를 원천적으로 봉쇄해버린 것이다.

많이 늦었지만 이제라도 그 말의 의미를 정확히 이해하고, 과거의 어두운 그림자에서 벗어나야 한다. 상대방을 좌익이라고 부르는 것만으로 그에 대한 비판이 된다고 생각하면 안 된다. 사회를 변화시키고자 하는 것 자체는 문제가 될 수 없기 때문이다. 독재 정권 하에서처럼, 현 상황이 크게 잘못되었다면 그것을 뒤집어엎는다 해도 잘못일 수 없다. 오히려 그 반대가 맞다.

사회를 개혁하려는 상대방을 더 정확히 비판하고자 한다면 "당신이 사회를 변화시키려는 시도는 어떤어떤 점에서 잘못되었소"라고 말해야 한다. 친일 행위를 하거나 독재자에게 협력한 사람들이 자신들의 기득권을 빼앗기지 않기 위해서 상대방을 '좌빨'이라고 욕하는 세태가 지속되어서는 안 된다. 친일파나 독재 권력에 협조한 사람들이 아무 뒤탈 없이 잘 살고 있다면, 그 문제에 관한 한 보수의 우파적 견해를 따른다는 사실 자체가 비판받아 마땅할 것이기 때문이다.

두 전前 대통령은 오랫동안 독재에 항거해왔던 야당 출신의 대통령들이다. 그러므로 그들이 진보 성향의 좌익인 것은 사실이며, 특별하거나 부인할 일도 아니다. 그렇다면 그들은 왜 또 진보 진영으로부터 '신자유주의자'라는 비판을 받았던 것일까? 아니, 그것이 도대체 왜 비판이 될까? 잠시 예전 이야기로 돌아가보자.

10여 년 전 학교 선생님들을 상대로 논술 강의를 할 때의 일이다. 나는 당시 인기 있던 「좋은나라 운동본부」라는 TV 프로그램을 사례로 들어 자유주의에 대해 설명하고 있었다. 그 프로그램은 서울 시청의 전담반이 고액 세금 체납자를 찾아가 납부를 종용하고, 거부할 때는 압류와 같은 조치를 취하는 내용이었다. 나는 그 체납자들의 사상적 근거가 자유주의라고 설명했다. 수업이 끝났을 때, 60세에 가까운 현직 고등학교 선생님이 "그런 사람들은 '나쁜 놈'이라고 해야지, 그들에게 자유주의자라는 폼 나는 이름을 붙여주는 것은 교육적으로 좋지 않은 듯합니다"라고 하셨다.

하지만 문제는 그리 간단하지 않다. 독자 여러분도 세금을 체납하고 큰 소리 치는 사람들을 '나쁜 놈'이라고 생각할 것이다. 그러나 왜 분개하는가? 세금은 당연히 내야 하는 것인데 내지 않아서? 그렇다면 한번 따져보도록 하자. 여러분이 부모님께 100억 원의 유산을 물려받게 되었다면, 40억 이상을 기꺼이 세금으로 낼 용의가 있는가? 물론 그런 상황이라면 대다수가 그렇지 않다고 대답할 것이다. 많은 돈을 물려받아도 그 가운데 상당 부분을 포기하기에는 아까운 것이 인지상정이다. 그렇다면 자신이 하면 로맨스이고 남이 하면 불륜이란 말인가? 재벌 총수들이 자식들에게 유산을 물려줄 때 교묘한 방법으로 탈세하는 모습을 보고 분개하는 것은 못 가진 자의 증오일 뿐인가?

그 사람들은 "내가 번 돈 내 자식에게 물려주는데 왜 국가가 참견하는가? 내가 벌었으니 내 마음대로 쓰는 것이 당연한 것 아닌가? 상속세 자체가 말이 안 된다"고 말할 것이다. 앞서 언급한 세금 체납자들도 동일한 논리에 기반하고 있다. "왜 내가 애써 번 돈을 무능력하고 게으른 사람들을 위해 쓰는가? 여기는 자유국가 아닌가?"

　자유주의자들은 자신이 번 돈을 자기 마음대로 쓸 권리를 주장한다. 반면 현대사회의 대다수 국가는 복지국가를 추구하고 있다. 다시 말해서 모든 국민에게 최소한의 행복을 보장해주려고 하는 것이다. 그러려면 재원이 필요하다. 국가 자체가 돈을 버는 것은 아니므로, 그 재원은 세금으로 마련되어야 한다. 복지란 기준 이하의 소득을 올리는 사람을 위한 것이므로, 그 재원은 당연히 기준 이상의 고소득자에게서 취해야 한다. 소득이 높을수록, 혹은 재산이 많을수록 더 많은 세금을 내는 것은 당연하다.

　두 전 대통령 집권 당시 진보 진영 인사들은 두 대통령이 경제 분야에서도 진보적인 정책을 실행에 옮기기를 바랐다. 그러나 두 전 대통령의 정책이 그들의 기대에는 미치지 못했다. 이에 그들은 두 사람을 '신자유주의자'라고 비판했는데, 이는 다시 말해서 '진보 진영의 변절자'와 유사한 의미였던 것이다.

　모든 국민을 포용하고자 했던 국가의 원수가 두 집단 모두에게 배척받을 수밖에 없었던 것, 그것이 바로 정치의 장이다.

정의로운 사회에서
매춘의 남녀 비율

16

대한민국에서 매춘은 불법이다. 성을 파는 사람뿐 아니라 성을 사는 사람까지도 처벌받도록 되어 있다. 그럼에도 불구하고 한국은 매춘의 천국이다. 얼마 전에는 강남에서 건물 전체를 빌려 기업형 매춘을 했다는 사실이 보도되기도 했다. 놀라운 것은 매춘 산업 종사자의 규모. 공식적으로 정확한 통계가 나오지는 않았지만, 매춘에 종사하는 여성의 숫자는 100만 명 이상일 것으로 추정된다. 이는 가임기 여성의 5분의 1에 육박하는 숫자다.

혹자는 이에 놀라움을 표하며, "에이, 그럴 리가 있나? 미아리 같은 대표적인 매춘굴이 사라진 지가 언젠데?"라는 반응을 보일지도 모른다. 그러나 도시의 화려한 네온사인이 비치는 곳이라면 쉽게 발견할 수 있는 룸살롱과 같은 술집에서 술을 따르는 여성들이 대부분 매춘에 종사하고 있음을 감안한다면 이는 그리 놀라운 숫자가 아니다. 룸살롱의 변형된 형태는 물론이고, 안마방과 같은 기타 업소에서 이뤄지고 있는 매춘에, 앞서 언급한 기업형 매춘, 그리고 원조교제를 포함한 개인적 차원의 매춘까지 포함하면 그 숫자를 훌쩍 뛰어넘을 수도 있다.

더 놀라운 것은 매춘 산업의 연 매출 규모가 GDP의 4퍼센트 정도로, 농림수산업의 그것과 비슷하다는 사실이다. 매춘을 합법화해서 월드컵 특수를 누릴 정도인 독일조차도, 인구는 우리의 1.5배 이상인데, 매춘 여성의 숫자와 규모는 반도 채 되지 않는다는 사실을 감안해보면, 한국이 얼마나 매춘의 천국인지 쉽게 알 수 있다. 정말로 많은 사람의 한탄을 자아내는 사실이다.

이 지점에서 필자가 철학자로서 던질 수 있는, 그리고 던져야 하는 질문은 "왜 매춘이 불법으로 금지되어야 하는가?"이다. 이런 질문을 던지면 독자 여러분은 필자를 미친놈이나 이상한 사람쯤으로 치부할지 모르겠지만, 철학이란 원래 그렇게 모두가 당연히 여기는 것에 대해 질문을 던지는 학문일 뿐 아니라, 막상 따져보면 문제가 그리 간단치 않다는 것을 알 수 있다.

"성을 파는 것은 당연히 나쁜 짓이지"라는 대답으로는 아무것도 해결되지 않는다. 이 대답은 성을 파는 것이 과연 나쁜 것인가라는 질문이 아니라 혼외 성관계 혹은 사랑 없는 성관계가 잘못된 것인가 하는 질문에 대한 것이며, 그 문제에 대한 합리적 대응을 살펴보기 위해서는 책 한 권으로도 부족할 것이다.

따라서 이 글에서 논의를 진행하려면 그 범위를 좁혀야만 한다. 매춘이 도덕적으로 비난의 소지가 없는지 묻는 것이 아니라 매춘을 불법화하고 처벌하는 것이 과연 타당한가라는 질문을 던지고 그에 대해 대답해야 하는 것이다. 도덕과 법의 영역은 분명히 다르다. 도덕을 어겼을 때는 비난을 받지만, 법을 어겼을 때는 처벌을 받는다. 그런 면에서 법적 기준은 도덕적 기준보다 훨씬 더 엄격해야 한다. 법을 최소한의 도덕이라고 말하는 것은 바로 이러한 이유에서다.

물론 법과 도덕의 관계에 대해서 이견이 있을 수 있다. 국가가 도덕의 내용을 적극적으로 법에 포괄하여, 부도덕한 행위를 처벌함으로써 국민이 바람직한 삶을 살 수 있도록 해야 한다는 주장도 가능한 것이다. 하지만 일견 타당할 뿐 아니라 바람직해 보이기까지 하는 이러한 주장에 대해서 몇 가지 반례를 들어보기만 해도 그 문제점을 쉽게 알 수 있다. 게을러서 성실히 가족 부양을 하지 않는 가장, 술 마시고 노느라 가정을 소홀히 하는 아내, 매일 늦잠을 자서 학교에 지각하는 학생, 노인에게 경어를 쓰지 않고 불손하게 대하는 아이 등을 도덕적이라 할 수는 없다. 그러나 그러한 행위를 법으로 처벌한다면 바람직하겠는가?

그러한 사회는 결국 올더스 헉슬리의 『멋진 신세계』나 조지 오웰의 『1984』, 그리고 그로부터 영감을 받아 만들어진 「데몰리션 맨」 「브이 포 벤데타」 「이퀼리브리엄」 등의 많은 영화에서 다뤄진 바 있다. 무엇이 도덕적으로 바람직한가라는 논란의 소지가 다분한 문제를 법으로 처벌하기 위해서는 그 질문에 대한 확고한 대답을 해줄 사람이 필요하다. 결국 완벽한 이상사회를 추구하다보면 독재자에 의해 자유를 침해당할 수밖에 없음을 이 작품들은 경고하고 있는 것이다.

그렇다면 역시 법은 최소한인 것이 바람직하다. 그것이 헌법에서 자유민주공화국임을 천명한 대한민국 입법의 원리가 되어야 한다. 자유주의 하에서 법이란 타인의 자유권을 침해하는 사안에 대해서만 금지 및 처벌을 행해야 한다. 그것이 자유주의 사회의 입법 원리다. 자유권에는 크게 두 종류가 있다. 하나는 신체의 자유이며, 둘째는 재산의 자유다. 폭력, 납치, 강간 등은 전자를 침해한 것이고, 절도, 강도, 사기, 횡령 등은 후자를 침해한 경우다. 이렇게 타인의 자유권을 침해하지 않는 한 모든 행위에 대한 자유는 법적으로 허용되어야 하는 것이다.

자유주의 사회에서는 강압이나 사기의 요소가 개입되지 않는 한 모든 계약이 존중받아야 한다. 물론 미성년자는 예외다. 그들은 상황에 대한 정확한 판단을 통해 자신의 결정을 합리적으로 내릴 수 있을 정도로 성숙하지 않았다고 보기 때문이다. 예를 들어 미성년자가 보호자의 동의 없이 휴대전화 회사와 계약을 맺었다면 그것은 무효가 될 가능성이 크다. 미성년자의 매춘이 허용될 수 없는 이유 중 하나는 바로 여기에 있다.

하지만 성년의 경우에는 어떠한가? 매춘 종사자를 납치하고 감금하며 그에게 협박을 가해 매춘을 행하게 했다면 당연히 이는 자유권을 침해한 것이며 불법으로 처벌받아 마땅하다. 매춘의 대가를 다른 사람이 강취했다면 그 역시 당연히 처벌받아야 한다. 하지만 이러한 요소와 무관하게 당사자들의 합의에 의해 성을 사고 파는 행위가 처벌받아야 할 이유는, 최소한 자유주의의 법적 원리에 따르면, 전혀 없다. 누구의 자유권도 침해당하지 않았으며, 당사자들 간의 자유로운 계약에 의한 행위이기 때문이다.

그런데 문제가 그리 간단하지 않은 이유는 정의의 원리 때문이다. 모두가 좋아하는 것은 각자의 몫에 따라 나누는 것이 정의라는 데 대해서는 논란의 여지가 없을 것이다. 그런데 중요한 것은 좋은 것이 아니라 나쁜 것을 나눠야 하는 경우에도 그것이 해당된다는 점이다. 두 학생이 수업을 '땡땡이'쳤는데, 한 사람은 부잣집 자식이라는 이유로 훈방되고 다른 한 사람은 가난한 집 자식이라는 이유로 50대를 맞는다면 정의로운 처사라 할 수 없음이 분명하다. 둘 다 맞지 않는 것이 최선이겠지만, 맞아야 한다면 25대씩 나눠 맞거나 아니면 둘 다 50대씩 맞아야 정의라 할 수 있다.

자유주의 사회에서 법 제정의 원칙에 위배되지 않는 매춘을 섣불리 합법화할 수 없는 현실적인 이유가 바로 여기에 있다. 여러분 스스로에게 물어보시라. 매춘을 할 용의가 있는가? 매춘은 분명 남녀를 막론하고 대다수의 사람이 꺼리는 행위다. 그런데 매춘 종사자는 여성에 집중되어 있다. 사람들이 꺼리는 어떤 것을 특정 집단이 거의 독점하다시피 한다면, 겉으로 드러나지는 않더라도 사회적인 강압의 요소가 내재되어 있다고 말할 수밖에 없다.

정의로운 사회라면 사람들이 꺼리는 일을 특정 집단이 담당해서는 안 된다. 정의로운 사회에서는 매춘에 종사하는 남녀 비율이 같아야 하고, 강간을 당하는 남녀의 숫자도 비슷해야 하는 것이다.

유물론과
복지국가

17

"하부구조가 상부구조를 지배한다"라는 마르크스의 수수께끼 같은 말은 인류 역사에 가장 큰 영향을 미친 말 중 하나일 것이다. 분단과 극단적 이념의 대결 구도로 인해 우리나라 사람들은 공산주의라고 하면 알레르기 반응을 보이곤 하지만, 마르크스로 인해 얼마나 많은 변화가 일어났는가를 알게 된다면 세계와 인간의 역사에 대해 좀더 균형 잡힌 시각을 가질 수 있을 것이다.

먼저 하부구조와 상부구조에 대한 정확한 이해가 필요하다. 사실 학문적으로 생각하지 않더라도 하부구조가 상부구조보다 중요한 경우는 여러 곳에서 찾아볼 수 있다. 건물을 지을 때도 기초가 건물 자체의 운명을 결정짓게 되며, 운동할 때에도 하체의 안정성이 운동능력 전반을 좌우한다. 이런 점에서 힌트를 얻은 것은 아니겠지만, 마르크스는 이를 인간 자체에 대한 이해에 적용한 것이다.

이를 좀더 쉽게 이해하기 위해서는 "곳간에서 인심 난다"는 옛 속담을 떠올려보면 좋을 것이다. 한 달 용돈으로 5000만 원쯤 쓰는 친구에게 특급호텔 뷔페를 한번 사달라고 한다면 그는 별 고민 없이 사줄 수 있겠지만, 한 달 용돈이 20만 원밖에 안 되는 친구에게 똑같은 부탁을 한다면 결과는 뻔할 것이다. 하지만 그렇다고 해서 그러한 결정을 그들 인간성의 산물이라고 생각하는 것은 지나치게 성급하다. 경제적으로 여유가 있고 없고의 차이가 그러한 행동의 차이를 낳은 것뿐이다.

이는 개인의 성격이나 행동 양식뿐 아니라, 종교와 같은 사회적 요소에도 동일하게 적용할 수 있다. 이른바 고려장이라는 장례 양식은 식량의 절대 부족 상황에서 집단의 존속을 보장하기 위한 방편으로 생겨난 것이다. 인도에서 소를 신성시하는 것은 척박한 생산 환경에 기인한다. 단기적인 욕구를 해소하기 위해 소를 잡아먹을 경우 장기적인 생존이 불가능했기 때문이다.

이런 식으로 차근차근 거슬러올라가 보면, 인간성의 모든 요소뿐 아니라 정치와 사회제도 및 문화 전반까지도 물질적 환경과 여건의 산물이라고 생각할 수 있다. 유전자와 같은 생물학적 특징 또한 물질적 환경 가운데 하나임을 감안한다면, 정신활동과 그 산물 모두는 물질적인 것의 부산물이며, 독립적인 지위를 갖지 못한다. 실제로 존재하는 것은 물질적인 것뿐이며, 인간의 정신 영역은 모두 물리적이고 생물학적인 속성으로 환원 가능하다. 마르크시즘은 이렇듯 유물론에 기초하고 있는 것이다.

인간성에 대한 이러한 발상의 전환은 일차적으로 경제적 평등에 대한 요구로 나타난다. 개개인의 능력은 정당한 자신의 몫이라고 할 수 없다. 부모로부터 어떤 유전자를 물려받거나 혹은 부유한 가정에 태어나 좋은 교육을 받게 되는지 여부는 개인의 의지나 노력과는 무관하기 때문이다. 그것은 순전히 우연의 산물인 것이다. 이러한 전제로부터 마르크스는 "노동은 각자의 능력에 따라 하되, 분배는 각자의 필요에 따라 해야 한다"고 주장한다.

그가 꿈꾸는 이상사회는 가족의 확장판이라 할 수 있다. 가족 구성원은 능력에 따라 차등적인 대우를 받지 않는다. 가장이 혼자 돈을 벌고 나머지 구성원들은 그렇지 못해도, 가장이 번 돈을 모든 구성원이 필요에 따라 나누어 쓴다. 능력 있는 구성원은 가족 전체의 필요를 충족시키기 위해 열심히 노력한다.

가족 구성원 내에서는 능력 있는 사람이 오히려 더 큰 책임감을 느끼고, 스스로의 필요를 최소화하기도 한다. 예부터 부모들은 자신이 먹을 것을 못 먹더라도 자식들은 배불리 먹이기 위해 노력해 왔다. 최근에는 자녀들을 학원에 보내고, 교복처럼 되어버린 유명 브랜드의 의류를 사주기 위해 허리띠를 졸라매기도 한다. 가족은 능력 있는 사람이 능력만큼 일하고, 그 결과물을 구성원 전체가 필요에 따라 공유하는 이상사회의 축소판인 것이다.

경제적 능력이 있는 자신에 비해 무능하다는 이유로 가장이 아이들이나 노부모 혹은 장애를 가진 형제를 핍박하고, 그들의 노동력을 착취한다면 당연히 가족 구성원으로부터뿐만 아니라 사회적으로도 비난을 면치 못할 것이다. 사회를 가족이 확장된 형태로 본다면, 고아나 독거노인, 장애인과 같은 사회적 약자가 방치되는 상황 역시 비판받아 마땅한 것이다.

타고난 능력만으로 이뤄지는 것은 없으며, 개인의 노력이 필수불가결하다면서 유물론을 반박하고자 하는 사람이 있을 것이다. 하지만 그 사람은 유물론 혹은 환원주의를 올바로 이해하지 못한 것이다. 환원주의는 그렇게 노력하려는 의지나 성향 역시 물질적 혹은 생물학적 속성으로 환원 가능하다고 주장하기 때문이다.

이러한 유물론 혹은 환원주의를 받아들일 경우, 사회 전반에 걸쳐 평등에 대한 요구가 드세질 수밖에 없다. 내가 가난한 것도, 다른 어떤 사람이 부유한 것도 모두 우연적인 요소의 결과물일 뿐이다. 부자들이 자기 재산에 대해 정당한 소유권을 주장하는 것도, 가난한 사람을 무능력하고 나태하다고 비난하는 것도 바람직하지 못한 것이 되어버린다. 나아가 자신은 호사스러운 생활을 영위하면서 턱없이 부족한 급여로 노동자를 착취하는 자본가는 가족을 학대하는 악덕 가장과 다를 바 없는 것이다.

범죄와 처벌에 대한 견해도 근본적인 변화를 겪게 된다. 이전에는 범죄자를 사악한 영혼의 소유자 혹은 의지박약자로 치부했지만, 이제 그는 불운을 타고난 사람으로 여겨진다. 사회에서 영구히 추방하기보다는, 바람직한 환경을 제공하거나 적절한 치료를 해주는 것이 마땅하다는 주장이 설득력을 얻게 된다. 응보론보다는 교화론이 득세하게 되는 것이다.

인간의 정신적 영역이 실제로 존재하는지 혹은 물질적 환경의 부산물인지 하는 것은 여전히 증명이 불가능한 영역에 속할지도 모른다. 게다가 유물론이나 환원주의를 받아들일 경우, 인간은 기계나 다를 바 없는 존재로 전락해버린다. 환경의 함수관계에 의해 지배되기 때문이다. 나아가 그러한 함수관계는 끊임없이 연속되기 때문에 인간의 자율성 자체가 소멸되는 숙명론에 빠지고 만다.

그러나 이러한 여러 가지 문제점에도 불구하고 유물론적 세계관은 인류 역사의 방향을 크게 바꾸어놓았다. 이제 인간이 물리적이고 생물학적인 환경에 의해 (전적으로는 아닐지라도) 최소한 상당 부분 영향을 받는다는 사실을 부인하기는 힘들어졌다. 능력에 따라 노동하고 필요에 따라 분배하는 정도까지는 아닐지라도, 복지제도를 통해 사회적 약자들을 보살펴야 한다는 생각이 보편적으로 인정받게 되었다. 범죄의 원인을 악마적 속성을 가진 개인에게 돌리기보다는 사회적 요소에서 찾게 되었다. 사회과학이라는 학문 영역 전반이 마르크스에게 커다란 빚을 지고 있는 것이다.

딜레마 상황과
자기희생

18

경찰 이집념은 5년간의 추적 끝에 11명의 여성을 살해한 연쇄 살인 사건의 용의자인 김교살을 검거했다. 정황으로 보아 그가 살인범임은 분명하다. 그는 이미 두 명의 여성을 더 납치하여 감금했다. 그에게 이틀 내에 자백을 받아내지 못한다면, 그들의 생명마저 극도의 위험 상황에 놓일 것이다. 김교살은 납치 여성들의 소재를 알려주기는 커녕 자신이 살인범이라는 사실을 부인하고 있다. 방법이 없는 것은 아니다. 김교살은 겁이 많고 고통에 매우 약하다. 그에게 어느 정도 이상의 고문을 가한다면 그는 범행 일체와 증거물 및 납치 여성들의 소재까지도 자백할 것이다. 하지만 고문은 어떤 경우에도 금지되어 있다. 이집념은 이러한 상황에서 아무것도 할 수 없는 자신에 대해 경찰로서 무력감을 느낀다.

위에 서술한 가상의 내용은 도덕적 혹은 법적 딜레마의 전형을 잘 보여준다. 이러지도 저러지도 못하는 상황이라는 말 뜻 그대로, 해결책은 없어 보인다. "모든 인간을 수단이 아닌 목적으로 대해야 한다"는 칸트의 말로 대표되는 의무론적 입장에서 보면 당연히 고문은 금지되어야 한다. 흉악범이라 할지라도 다른 목적을 위한 수단으로 여겨서는 안 되기 때문이다.

그렇다면 '최대 다수의 최대 이익'이라는 모토에 따라 사회 전체의 최대한의 이익을 도모하고자 하는 공리주의적 입장에서는 어떨까? 일견 공리주의적 입장에 설 경우 고문을 순순히 허용해야 할 듯하다. 피해를 입는 사람은 김교살 한 명뿐이고, 다른 사람들이 생명을 위협받는 처지인 데 반해, 그가 입는 피해는 그에 훨씬 못 미치기 때문이다.

그러나 이러한 상황은 괜히 딜레마가 아니다. 공리주의적 입장에서도 함부로 고문을 허용해서는 안 되기 때문이다. 인간과 동물의 결정적 차이 가운데 하나는 장기적이고 역사적인 관점에서 사유를 할 줄 아는가의 여부다. 근시안적인 견지에서 본다면 이와 같은 경우에 고문을 허용하는 것이 공리에 부합할 듯하지만, 인간은 역사를 통해 실제로는 그렇지 않음을 배워 알고 있다. 이러한 상황에서 고문을 허용하는 것은 선례로 남는다. 일종의 판례나 관습법 역할을 하는 것이다. 고문은 "공리에 부합하는 어떤 상황" 하에서는 허용 가능하게 되는 것이다.

그러나 공리에 부합한다는 것은 위험한 기준이 아닐 수 없다. 예를 들어 성적 정체성에 혼란을 느끼는 사람이 성전환 수술을 하고자 할 때 혹은 동성애자들이 결혼을 하고자 할 때, 어떤 사람들은 그것이 공리에 부합한다는 이유로 금지할 수도 있다. 성적 소수자는 그야말로 소수이고, 다수가 불쾌감을 느끼기 때문에 그것은 당연히 공리에 부합하는 조치라는 것이다. 하지만 현대 다원주의 사회에 대한 최소한의 양식을 갖춘 사람이라면, 그것이 그렇게 쉬운 문제가 아님을 알 수 있다. 과거에는 긴 머리나 짧은 치마조차도 동일한 명분 하에 금지되었던 것이다.

고문의 경우에는 상황이 더욱 심각하다. 고문의 주체는 언제나 시민사회와 대척점에 서 있는 정권 혹은 그 산하 기관이기 마련이고, 부패라는 속성에 노출되기 쉬운 권력의 속성상, 고문에 대한 유혹은 몹시도 강렬할 것이기 때문이다. 게다가 어떤 것이 공리에 부합하는 상황인가에 대한 판단 역시 그들의 수하에 맡겨질 것이 뻔하다. 상황 판단에 대한 엄격성은 갈수록 희석되기 마련이고, 무고한 시민들의 인권에 대한 침해가 난무하게 될 것이다. 이것이 바로 고문을 엄격하게 금하고 있는 이유이며, 정확히 말해 이는 공리주의적 논거에 의해 정당화된다.

역시 이러한 딜레마에 대한 해결책은 없는 것일까? 하지만 앞서 말했듯이 인간은 역사적 동물이다. 역사는 인간에게 무수한 교훈을 준다. 우리는 2000년도 더 된 역사적 사건에서 이러한 딜레마 상황을 해결할 열쇠를 발견할 수 있다.

　　춘추시대 남방의 강대국인 초나라 문왕은 자신의 지배 하에 있는 작은 나라의 제후가 방자하게 굴었다 하여 그에게 벌을 내리고자 했다. 그런데 벌이라는 게 그 제후를 끓는 물에 삶아 죽이는 것이었다. 그렇게 함으로써 자신의 위엄을 천하게 떨치고자 했던 것이다. 그런데 초나라에는 육권이라는 현명한 충신이 있었다. 육권은 왕에게 덕으로 이름을 떨쳐야지, 그렇게 포악한 행위를 통해 얻은 위엄은 장기적으로 국익에 아무 쓸모가 없다고 역설한다. 그러나 고집스런 왕은 이미 내린 결정을 철회하고자 하지 않는다. 그러자 육권은 칼을 빼 왕의 목에 겨누고서 명령을 거둘 것을 요구한다. 왕이 어쩔 수 없이 명령을 거둬들이자, 육권은 "폐하, 불충하게 폐하의 목에 칼을 겨눈 저를 벌하소서"라고 말한다. 그러나 '문文'이라는 시호를 얻을 정도로 초나라 부흥의 기틀을 다진 초 문왕은 "일신의 욕심이 아니라 충성심에서 나온 행동임을 알거늘 어찌 그대를 벌하겠는가?"라고 말하면서 육권을 용서한다. 그러나 육권은 "왕께서 저를 용서하실지라도, 저는 제 자신을 용서할 수 없습니다. 저 같은 자가 용서받는다면 그것이 전례가 되어 이후에는 작은 빌미만으로도 왕을 위협하는 신하들이 넘쳐나게 될 것입니다"라고 말하고는 스스로 발목을 잘랐다.

세부적인 내용은 다르지만, 형식적인 면에서 본다면 이집녑이 처한 상황은 육권의 그것과 크게 다르지 않다. 육권 역시 국가의 장기적 이익을 위해서는 어떻게든 왕을 말려야 하지만, 그렇다고 해서 후대의 방자한 신하들을 위한 전례가 될 수는 없는 노릇이었다. 이러한 딜레마 상황에서 육권이라는 현자는 스스로 희생하는 방법을 택함으로써 딜레마 상황을 기가 막히게 해결했다. 육권의 전례에 따르고자 한다면, 최소한 자신의 다리 하나는 자를 정도의 각오가 있어야 한다.

　이는 이집녑의 경우에도 마찬가지다. 그가 진정으로 딜레마를 해결하고자 한다면, 자기희생을 전제하는 것으로 문제는 쉽게 풀릴 수 있다. 김교살에게 고문을 가해 사건을 해결한 후, 스스로 다리를 자르는 것에 준하는 처벌을 내리는 것이다. 사회에 중요한 공헌을 했지만 역사에 옳지 못한 전례를 남긴 사람으로 기록되고 싶지 않은 열망의 정도가 곧바로 자기희생의 엄격성으로 연결될 것이다. 도덕적으로 완고한 사람이라면 자살을 택할 수도 있고, 법정 최고형을 구형하고 선고할 것을 스스로 요구할 수도 있다(물론 이 경우 사회는 그의 요구에 따라주어야 한다).

　많은 사회 문제는 누군가의 자기희생으로 해결될 수 있다. 문제는 관련된 사람들이 아무도 책임을 지고자 하지 않는 데서 생겨난다. 특히 그 주체가 육권이나 이집녑과 같은 공무원이라면 더욱 그러하다. 어쩌면 육권의 경고는 그러한 정도의 책임감 없이 국민을 위해 일하겠다는 생각을 버리라는 것일지도 모른다.

제3부

×

무한 노동 사회를
거부한다

덕과 득, 그리고
힘의 차이

19

춘추전국시대는 중국 역사상 최대의 혼란기였다. 1000여 개에 이르던 나라들이 300여 년 후에는 전국칠웅戰國七雄이라는 일곱 개의 나라로 정리되고, 그로부터 100여 년 후에는 진秦이라는 나라로 통일되었으니, 그 사이에 얼마나 많은 전쟁이 있었고, 얼마나 많은 사람이 죽어나갔으며, 백성이 얼마나 깊은 도탄에 빠져 있었는지를 쉽게 짐작하고도 남는다.

그 시대에 통치자들의 최고 목표는 부국강병이었다. 먹지 않으면 먹히는 상황이라, 군사력을 강하게 하여 다른 나라를 합병하는 것만이 생존의 유일한 전략이었기 때문이다. 그런데 이 혼란한 시기에 이상한 주장을 하는 사람들이 있었다. 그들은 부국강병이라는 목표를 달성하는 최선의, 그리고 유일한 방법은 백성을 덕德으로 다스리는 것뿐이라고 외쳤다. 군주들이 듣기에 허황되기 짝이 없는 주장을 한 이들은 이른바 유가儒家로 알려진 공자와 그 제자들이었다.

공자의 어록인 『논어』에는 공자의 모국인 노나라의 실권자와 공자가 대화를 나누는 모습이 등장한다. 노나라의 실권자인 계강자라는 사람은 여느 나라의 집권자들과 마찬가지로 엄격한 법 집행을 통해 국력 신장을 이루고자 한다. 그래서 공자에게 "무도한 자들을 죽여서 도리에 맞는 쪽으로 나아가면 어떻겠습니까?"라고 묻는다. 그런데 이에 대한 공자의 대답이 가관이다. 공자는 "정치를 하는 데 어찌 사람을 죽이는 방법을 쓰겠습니까? 당신이 선함을 원한다면 백성도 선하게 될 것입니다. 군자의 덕은 바람과 같고, 소인의 덕은 풀과 같습니다. 풀은 그 위에 바람이 불면 반드시 눕습니다"라고 대답한 것이다. 한마디로 집권자가 도덕적으로 행동하기만 하면 만사형통이라는 대답이니, 천하가 모두 전쟁을 치르며 죽느냐 사느냐 하는 판국에 이 무슨 허무맹랑한 말인가?

그로부터 약 100년 후, 공자의 후계자를 자처하는 맹자는 당시 유력한 나라의 왕에게 이보다 더 황당한 설교를 한다. 진정으로 덕치를 행하는 군주가 있다면, 그 나라의 백성이 마음으로 복종하는 것은 말할 것도 없고 다른 나라의 백성까지도 그 군주의 나라에서 살기를 원할 것이다. 반면, 억압과 강제로 통치를 하는 군주라면 백성의 마음이 이미 그에게서 떠나갔다고 봐야 한다. 만약 두 나라가 전쟁을 벌인다면 어떻게 되겠는가? 맹자는 "(덕으로 통치하는) 인자한 군주에게는 대적할 상대가 없다"고 과감히 선언한다.

그러나 아이러니하게도 중국이 통일된 이후의 사상적 주도권은 이런 황당무계한 주장을 내세운 유가의 손에 들어갔다. 그리고 집권자들은 (속마음이야 어찌 되었든 간에) 유덕한 통치자인 양 행세했다. 이제 학자들은 덕이란 도대체 무엇이고, 그것은 어떤 과정을 거쳐 그런 힘을 갖게 되는지 설명할 필요성을 느끼게 되었다.

그 가운데 특이한 것은 두 가지다. 먼저 중국 문헌에서는 '덕'을 '득得'으로 풀이하는 경우가 있다. 그리고 영미권 학자들 가운데는 일반적으로 'virtue'로 번역되는 이 말을 'power'로 번역하는 이들이 있다. 하지만 거기까지다. 덕을 통해서 무언가, 즉 어떤 힘을 얻게 된다는 말인데, 어떤 과정을 통해 그것이 가능하고, 그것이 어떤 힘을 발휘하는지를 설명해주지는 못했던 것이다. 그래서 유명한 한 미국 학자는 그것을 '마술적인 힘'이라고 설명하지만, 이것은 아무런 풀이가 되지 못한다.

그런데 중국의 역사를 보면 이 수수께끼를 풀 만한 이야기들이 여기저기 널려 있다. 대표적인 것을 하나만 뽑으면 다음과 같다.

병가의 대표자 중 한 명인 오기吳起는 출세를 하기 위해 자기 부인을 죽일 정도로 잔인한 인물이었지만, 전투에 임하면 진정으로 뛰어난 지휘관이었다. 그는 부하들과 더불어 먹고 잤으며, 행군도 함께 했다. 부하들은 오기를 진심으로 존경했다. 그러던 중 한 병사의 다리에 종기가 난 것을 오기가 발견하게 되었다. 오기는 놀랍게도 그 병사의 다리에 난 종기에 입을 대고 고름을 빨아냈다. 그런데 그 소식을 들은 병사의 어머니는 대성통곡하면서 아들의 죽음을 예언했다고 한다. 예언대로 아들은 전쟁에서 오기를 위해 목숨을 바쳐 싸우다가 죽고 만다.

오기는 부하에게 덕을 베풀었다. 그러자 부하는 오기를 위해 목숨을 바친다. 오기는 덕을 베풀어서 무언중에 부하를 자신이 원하는 대로 움직일 수 있는 힘을 얻은 것이다. 어떻게 이런 일이 가능할까? 그것은 소규모 공동체 사회에서 인간의 행동 원리와 관련이 있다.

인간이 사자처럼 힘이 세거나 말처럼 빠르지 않지만 만물의 지배자가 된 것은 오직 사회적인 협동을 통해서만 가능한 일이었다. 농기계가 발달하지 않았던 시대에 넓은 논밭을 경작할 수 있었던 것도 공동체의 협동이 없었다면 불가능한 일이었을 것이다. 그런데 만약 구성원 중 한 명이 다른 사람의 도움을 받기만 하고 입을 닦아버린다면 어떻게 될까? 동네 사람들이 자기 논에 모내기하는 것을 도와주었는데, 정작 동네 사람들이 모내기할 때에는 모른 척한다면 말이다. 더 말할 것도 없이 멍석말이를 당하고 쫓겨날 것이다.

다른 사람에게 무언가를 받았다면 어떤 식으로든 그것을 갚아야만 공동체 내에서 인간 대접을 받고 살 수 있는 것이다. 이는 축의금이나 조의금을 주고받는 과정에서도 잘 드러난다. 내 아들 결혼식에 누군가가 엄청난 액수의 축의금을 냈는데, 그 집 자식 결혼식에 내가 그만큼의 돈을 낼 수 없다면 다른 방식으로라도 보답을 해야 한다. 잔치 음식 준비를 돕는 등 몸으로 때우는 식으로라도 말이다. 그리고 이러한 사고방식은 공동체를 이루어 살 수밖에 없는 모든 인간의 잠재의식 속에 뿌리박히게 된다.

일반적으로 장군에게 예상되는 행동 방식이 있다. 오기는 부하에게 기대 이상의 호의, 즉 덕을 베풀었다. 부하는 어떤 식으로든 갚아야 한다. 그러나 그가 특별히 오기를 위해 할 수 있는 것을 찾기란 쉽지 않다. 결국 그는 목숨 바쳐 충성을 다하기로 마음먹는다.

덕치의 비밀은 바로 여기에 있다. 대다수의 군주가 폭정을 행하는 상황에서, 일반적으로 군주가 행할 것으로 예견되는 행동 방식이 있다. 그런데 어떤 군주가 백성을 자식처럼 대하는 등 기대 이상의 호의를 베푼다면 백성이 그를 위해 할 수 있는 일이 무엇이 있겠는가? 오기의 경우에 비춰본다면 그에게 충성을 다하는 것 외에는 별다른 방법이 없을 것이다.

타인의 마음을 얻는 최선의 방법 가운데 하나는 그의 예상을 뛰어넘는, 그리고 그가 갚을 수 없는 호의를 베푸는 것이다. 『노자』에 나오는 "빼앗고자 하거든 반드시 먼저 주어라"라는 수수께끼 같은 말을 풀이하는 열쇠도 바로 여기에 있다.

새로운 욕구가 몰아가는
무한 노동의 사회에서

20

몇 해 전 미얀마에서 한 달여를 지낸 적이 있다. 그곳에서 나는 우리 아이들을 돌보아줄 베이비시터를 고용했는데, 내가 그에게 지불한 월급은 우리 돈으로 7만 원 남짓이었다. 놀라운 점은 그것이 매우 후한 대우였다는 것이다. 그곳 사람들의 월평균 수입은 우리 돈으로 3~4만 원가량이라고 했다. 미얀마의 경우가 조금 더 열악하기는 하지만, 동남아 국가들의 사정은 이와 크게 다르지 않다.

더 놀라운 것은 미얀마를 비롯한 동남아 국가들의 행복지수가 우리나라보다 크게 높다는 사실이다. 식사는 언제나 밥에 반찬 한 가지이고, 공산품 가격이 우리나라와 비슷한 수준이라 보통 사람들은 평생 우유나 콜라 한잔 마시지 못하지만, 그들은 크게 개의치 않는다. 미얀마에서 내가 머물던 마을의 사람들은 하루에 4~5

시간만 노동에 투여한다. 나머지 시간은 마을 사람들끼리 서로 어울려 여가를 즐긴다.

그곳에는 나름의 복지가 있다. 다리 하나를 잃은 사람도 청소와 같은 일을 배당받아 삶을 영위할 수 있다. 전기톱을 쓰면 5분이면 벨 수 있는 나무를 몇 사람이 달려들어 하루 종일 끙끙거리며 베어내는 것을 본 일이 있는데, 그것이 일거리를 나누는 데 기여함을 이해하는 데는 적지 않은 시간이 걸렸다. 풍요와는 거리가 멀지만, 모든 구성원은 공동체 속에서 소박하고 여유로우며 안정된 삶을 살아가고 있었다.

나는 그곳에서 헬레나 노르베리 호지가 『오래된 미래』에서 묘사한 라다크인들의 삶을 보았다. 서구 자본주의 문명이 침투하기 전의 소박하고 행복한 삶을 목격한 것이다. 이 책을 아직 접하지 못한 분들은 영화 「웰컴투 동막골」을 떠올리면 쉽게 이해할 수 있다. 영화에서는 아름답게 묘사되어 있지만, 현대 도시인들이 동막골에 간다면 하루도 버티기 힘들 것이다. 내가 가르치던 학생 중 한 명도 호지의 책을 읽고 깊은 감명을 받았다가, TV에서 방영된 라다크의 모습을 보고 그런 곳에서 도저히 살 자신이 없다고 말했던 적이 있다.

동막골이든 라다크든 미얀마든 간에, 자본주의 사회의 도시인들에게 그곳은 아주 미개하고 불편한 곳일 수밖에 없다. 컴퓨터나 휴대전화는 말할 것도 없고, 전기나 수도도 기대해서는 안 된다. 깔끔한 수세식 화장실은 언감생심이다. 샤워는커녕 머리 한번 깨끗이 감는 것도 쉽지 않다. 영화에서 볼 수 있듯이, 감자나 옥수수와 같은 '건강식' 외에는 먹을 것도 거의 없다.

그렇다면 어떻게 그들은 우리보다 행복할 수 있는 걸까? 우리 사회에는 무척 편리한 문명의 이기가 넘쳐나고, 주거 환경은 깔끔하고 위생적이며, 음식과 의복을 비롯한 소모품이 넘쳐난다. 기본적인 욕구 충족조차 힘든, 야만에 가까운 그들의 삶이 우리의 그것보다 낫단 말인가? 비밀은 바로 행복 계산법에 있다.

보통 우리는 더 많은 욕구가 충족될수록 더 행복할 것이라고 생각한다. 그리고 이는 일정 부분 참이기도 하다. 행복지수는 전체 욕구 가운데 얼마나 많은 욕구가 충족되었는가에 의해 결정된다. 현재 내가 원하는 것이 열 가지인데, 그 열 가지가 모두 이루어진다면 나의 행복지수는 당연히 100이다. 여기서 문제는 전체 욕구가 불변의 상수常數가 아니라 변수變數라는 데 있다. 거액의 복권 당첨자가 종종 불행해지는 이유도 바로 이 때문이다.

차를 더 낮은 등급으로 바꾸기는 힘들다는 말을 많이 들어봤을 것이다. 집도 마찬가지다. 사실 이는 자동차와 집에만 해당되는 것이 아니다. 욕구는, 줄이기는 매우 어렵지만, 쉽사리 커지기도 하고 새로 생겨나기도 한다. 작은 차를 타던 사람이 큰 차를 타다가 다시 작은 차를 타지 못하는 것은 욕구가 이미 커져버렸기 때문이다. 다시 작은 차를 타게 되면 이미 커져버린 전체 욕구 때문에 행복지수가 크게 줄어드는 것이다.

100억짜리 복권에 당첨된 사람의 경우를 생각해보자. 그는 이모조모 따져본 결과, 한 달에 1500만 원 정도면 완전히 행복할 것

같았다. 그는 먼저 10억짜리 주택을 구입하고, 2억짜리 최고급 승용차를 구입했다. 자신의 여생을 40년 정도로 계산하고, 나머지 88억이면 남은 인생을 충분히 행복하게 살 수 있으리라고 생각한 것이다(화폐가치의 하락분은 이자로 보충한다고 생각하라). 과연 그 사람은 자신이 생각한 것처럼 행복하게 살 수 있을까? 대답은 'No'다. 그가 계산에 넣지 않은 것은 소비 수준을 늘릴수록 전체 욕구가 더욱 커진다는 사실이다. 전체 욕구가 커지면 행복지수가 줄어들기 때문에 행복지수를 유지하기 위해서는 소비 수준을 더욱 높여야 한다.

미얀마나 라다크, 동막골 사람들이 행복할 수 있는 비결은 욕구가 매우 작기 때문이다. 그곳 사람들도 콜라나 피자의 존재에 대해 알고 있지만, 그것을 먹어본 적도 없고 먹고 싶어하지도 않는다. 그것은 그저 다른 세상의 이야기일 뿐이다. 월 소득 3~4만 원을 올리면서 한 캔에 600원짜리 콜라나 한 판에 1만 원짜리 피자를 먹고 싶어한다면 그야말로 몹시도 불행할 것이다.

물론 그러한 사회가 정의로운가 하는 문제는 남는다. 빈부격차가 너무 심해, 상위 계층의 생활이 하위 계층에게는 다른 세상의 일로 여겨지는 것이 바람직하다고는 할 수 없다. 하위 계층에게 그것은 자포자기이자 절망일 수도 있다. 하지만 동막골 사람들이 휴대전화와 노트북을 가진 사람들을 만났을 때 그것을 다른 세상의 일로 여기고 부러워하지 않는다고 해서 그것을 자포자기나 절망이라고 부를 수 있을지는 의문이다. 어쨌든 포기를 통해서든 안분지

족을 통해서든 간에 그들은 행복하며 여유롭다.

아프리카와 중동의 민주화 바람을 보면서 나는 한편으로 착잡한 마음이 들지 않을 수 없었다. 사회 정의 차원에서는 그것이 바람직하지만, 그것이 구성원들의 행복으로 이어질까 하는 우려에서였다. 정치적 차원의 민주화는 경제적 차원의 평등을 요구하게 되고, 그것은 결국 '저 세상'을 인정하지 않음을 의미한다. 중하위 계층의 구성원들은 상위층과 동등한 권리를 향유해야 한다고 느끼게 되고, 전에 없던 무수한 욕구를 갖게 된다. 경제적 여건이 뒷받침되지 않는 상황에서 이러한 변화는 행복지수의 기하급수적 감소를 의미한다. 이것이 개발과정의 라다크에서 벌어졌던 일이다.

자본주의 하에서 기업과 사회는 끊임없이 성장하지 않으면 도태될 수밖에 없다. 그래서 지속적으로 신성장 동력을 창출해내지 않으면 살아남을 수 없다. 최근 들어 그것은 단연 휴대전화와 관련된 분야다. 카메라는 물론 컴퓨터까지 장착한 전화기의 등장은 인류 문명의 차원에서 보면 커다란 발전이라고 하지 않을 수 없다.

그러나 그 구성원들에게도 그러한가 하는 문제는 쉽게 답할 성질의 것이 아니다. 새로운 욕구가 생겨나 전체 욕구가 증가했으므로, 행복지수를 유지하기 위해서는 더 많은 소득을 올려야 하는 것이다. 그리고 이는 좀더 강도 높은 노동을 의미한다.

동막골 사람들의 행복에서 우리는 커다란 교훈을 얻을 수 있다. 행복을 위해서는 사회를 한발 떨어져서 관찰하고, 절제의 미덕을 발휘할 필요가 있는 것이다.

도구적인 것과
근본적인 것

21

테니스나 탁구, 농구, 권투를 포함한 모든 운동에서는 외관상 이해하기 어려운 점이 있다. 아마추어 복서와 프로 복서가 경기를 하면, 아마추어는 온 힘을 다해 펀치를 날려도 힘과 정확성 면에서 프로 복서가 가볍게 치는 펀치에 미치지 못한다. 농구도 마찬가지다. 아마추어가 아무리 공을 세게 던져도 거리나 방향의 정확성 면에서 프로 선수들이 가볍게 던지는 것만 못하다. 탁구나 테니스를 포함한 모든 운동경기에서도 이와 다를 바 없다.

이 수수께끼의 비밀은 바로 운동의 축에 있다. 아마추어들이 온 힘을 다해 펀치를 치거나 볼을 던진다고 할 때 그 힘은 팔과 어깨에 집중되어 있다. 반면 프로들은 오히려 팔과 어깨의 힘을 뺀다. 허리 근육을 사용하기 위해서다. 우리 몸에서 가장 큰 근육은 허리 근육이다. 힘의 측면에서 그것을 사용할 때와 그렇지 않을 때는 천지 차이다. 체중을 싣기 위해서는 반드시 허리 근육을 이용해야 하기 때문이다. 방향이라는 측면에서도 팔과 어깨가 운동할 때의 방향 편차는 매우 큰 반면, 허리 근육의 운동 편차는 그리 클 수가 없다. 힘과 방향이라는 운동의 두 가지 핵심을 잡을 수 있는 방법은 바로 허리 근육을 사용할 수 있도록 하는 것이다.

사람들은 나보고 골프 천재라고 한다. 40세에 골프를 시작하여 독학으로 8개월 만에 70대 타수를 기록했고, 11개월 만에 마이너 단체의 프로 자격증을, 그리고 2012년에는 국내에서 두 번째로 단체의 프로 자격증을 획득하기도 했다. 프로 선수를 포함하여 전 세계 골퍼 가운데 70대 타수를 기록하는 사람은 1퍼센트에 불과하니, 그렇게 말하는 것도 무리는 아닐 듯하다. 게다가 일반 골퍼들과 거리 차이가 상당히 나는 챔피언 티에서 경기를 하면서 70대 타수를 기록한다는 사람은 그보다 훨씬 적다. 힘과 방향성 모두에서 굉장한 우수성을 보유하지 않고는 불가능한 일이기 때문이다.

모든 것이 그러하듯이 골프도 이론과 훈련이 조화롭게 병행되어야만 진보가 가능하다. 40세까지 학자로 살아온 내가 어린 시절부터 선수생활을 해온 친구들과 경쟁할 수 있다고 생각한 원동력은 바로 이론적인 측면에 대한 우위였다. 훈련과 그에 따르는 신체적 능력이라는 측면에서는 프로를 포함하여 선수생활을 한 골퍼들을 따라가기란 불가능하다. 그러나 탐구와 이론이라는 측면에서는 그들보다 낫다는 자신감이 있었다. 스윙 자세와 공이 날아가는 거리

및 방향의 상관관계를 연구하며 조금씩 자세를 교정해가던 중, 이론적으로 핵심에 도달했다는 생각이 들었던 것은 허리 근육의 중요성을 깨달았을 때다.

골프를 포함한 많은 운동에서 하수는 팔로, 중수는 어깨로, 그리고 고수는 허리로 운동을 한다. 몸으로 연구하면서 이를 깨닫고는 뛸 듯이 기뻤다. 그러고는 곧 부수적인 작업에 들어갔다. 모든 스윙에서 허리 근육의 운동을 보장해줄 방법을 연구하기 시작한 것이다. 그 방법은 어렵지 않게 찾을 수 있었다. 양발의 체중 이동과 무릎의 회전을 통해 허리 근육을 쉽게 사용할 수 있게 되었다. 연습을 통해 이론이 옳았다는 것을 충분히 검증했다.

나는 엄청난 자신감을 가졌다. 75~76타 정도의 평균 타수에서 이제는 꿈의 핸디 0, 즉 평균 타수 72타에 이르는 것도 시간문제라는 생각이 들었다. 마침내 얼마 후 지인들이 함께 라운딩하기를 청했다. 드디어 목표치에 도달할 수 있다는 생각으로 호기 좋게 경기에 나섰지만, 뜻밖에도 참담하기 그지없는 결과를 얻었다. 90타 가량을 치고 만 것이다. 이론적으로 완성되었을 뿐 아니라 훈련을 통해 검증했다고 생각한 나에게는 커다란 충격이었다.

집에 돌아와 무엇이 잘못되었는지 다시 곰곰이 생각해보았다. 생각만으로는 충분치 않아 다시 연습을 하면서 되돌아보다가 아주 중요한 인생의 진리를 깨닫게 되었다. 그것은 바로 도구적인 것과 근본적인 것의 문제였다. 나는 경기 중 양발의 체중 이동과 무릎의 회전에만 집중했다. 그리고 정작 목표로 삼았던 허리 이동은 잊고 있었다. 도구적이고 수단적인 것에 사로잡혀 정작 궁극적인 목표로 삼았던 것에는 신경을 쓰지 못한 것이다. 몇 차례 실수가 나오자 예상과 다른 진행에 당황한 나머지 체계적이고 이론적인 부분에 신경을 쓰지 못하게 되었고, 그것은 더 잦은 실수를 나은 것이다.

그것은 비단 골프나 운동만의 문제도 아니다. 인생의 모든 측면이 그러하다. 우리의 모든 행위는 도구적인 것과 근본적인 것으로 이뤄져 있다. 좀 어려운 말로 전자를 도구적 가치, 후자를 목적가치라고 부른다. 로스쿨에 진학하기 위해 나에게 글쓰기를 배우던 학생들을 예로 들어보자. 그들에게 글쓰기 수업은 목적가치인가? 그렇지 않다. 로스쿨 입시에서 더 좋은 점수를 얻기 위한 도구적인 것일 뿐이다. 그렇다면 좋은 점수를 맞아 로스쿨에 입학하는 것은 목적가치인가? 역시 그렇지 않다.

우리가 인생을 살아가면서 수행하는 대다수의 행위는 목적가치와 직접적인 관련을 맺고 있지 않다. 그것들은 단지 도구적인 것일 뿐이다. 현대사회에서 문제시되는 황금만능주의라는 것도 예외가 아니다. 많은 사람이 마치 돈이 목적가치인 것처럼 행동하지만, 실제로 그것이야말로 가장 대표적인 인위적 도구에 불과하다. 교환의 편리성을 위해 고안된 방법일 뿐인 것이다. 목표한 만큼 돈을 벌기란 쉬운 일이 아니기 때문에 현대인들은 목적가치가 무엇일까에 대한 고민이나 반성을 할 여유가 없다. 그저 도구적인 것에 빠져서 살 뿐이다.

대다수 한국 가정의 경우를 살펴보자. 부모와 아이들로 이루어진 가정에서 부모는 언제나 아이들의 행복, 나아가 가족 전체의 행복을 목표로 삼는다. 그리고 그 목표를 위해 밤낮없이 일하면서 자신을 희생한다. 아버지는 직장 상사에게 인격적인 모독을 당해도 참고 견디며, 어머니는 식당에서 주방 보조로 일하면서 학원비를 벌기도 한다. 자식들과 함께하며 진지하게 대화하는 시간을 내기란 쉽지 않다. 자식들도 학교, 학원 등으로 움직이며 어른들 못지않게 바쁘기 때문에 그것을 아주 당연한 것으로 받아들인다.

그러나 이렇게 엄청난 희생과 노력이 목표했던 결과를 가져오는 경우는 얼마나 되는가? 아이들은 자신의 소질이나 꿈과 무관하게 획일적인 교육에 내던져지고, 함께할 시간과 대화의 상실로 인해 가족관계는 원만하지 못하게 된다. 부모는 자신의 노력과 희생에 합당한 성과를 내지 못하는 자식을, 그리고 자식은 자신을 이해하지 못하는 부모를 원망한다. 설사 부모의 희생과 자식의 노력이 모두 성공하여 부모가 경제적으로 성공을 거두고 자식은 일류 대학의 유망 학과에 입학하더라도, 그것은 어디까지나 도구적인 것일 뿐이다. 애초에 목표했던 가족 전체의 행복이 도구적인 것에 의해 희생되고 만 것이다.

"자, 이제 경제적으로 여유도 좀 생기고, 너도 좋은 대학에 입학했으니 이제 원만한 관계 속에서 행복한 가정으로 탈바꿈시켜보자꾸나"라고 말한다고 해서 상황이 변하는 것은 아니다. 원만한 가족관계, 행복한 삶이라는 것도 오랜 기간의 훈련과 습관이 있어야 가능한 것이다.

도구적인 것에 매몰되어 근본적인 목적가치를 오랫동안 잊고 산 삶의 결과는 결국 주객이 전도된 삶으로 돌아오게 된다. 도구적인 것이 제 역할을 발휘하기 위해서는 언제나 목적가치와의 끈을 놓아서는 안 된다. 내가 돈을 버는, 내가 직장을 다니는, 내가 공부를 하는 근본적인 이유를 이따금 돌아보지 않는다면 우리 삶은 도구적 가치의 노예로 전락할 것이다.

자본주의와
아줌마 파마의 기원

22

20여 년 전 풋풋했던 시절의 톰 크루즈와 니콜 키드먼이 주연한 영화 「파 앤드 어웨이」에는 매우 인상 깊은 장면이 나온다. 그것은 바로 영화의 배경이 되었던 개척기의 미국에서 정착민들에게 땅을 나누어주던 모습이다. 땅을 받고자 하는 사람이 100명 정도 말을 탄 채 줄을 서 있고, 그들 앞에는 정사각형으로 구분된 땅이 100개 있다. 배정된 땅은 개간을 통해 가족을 부양하며 삶을 영위하기에 충분한 면적이다. 구분된 각 땅에는 깃발이 꽂혀 있다. 총성이 울리면 지원자들은 각자 원하는 곳으로 말을 타고 달려가 깃발을 뽑고 그 땅을 소유하게 된다.

자본주의의 모태 사상인 자유주의자들이 꿈꾸는 사회는 아마도 이런 모습이었을 것이다. 기회는 열려 있고, 누구나 똑같은 출발

점에 서 있다. 얼마나 빨리 달려가 기회를 잡고, 그 기회를 토대로 삼아 얼마나 많은 노력을 쏟아붓는가에 따라 잘 사느냐 못 사느냐 가 결정된다. 그들이 재산을 증식시킬 수 있는 유일한 방법은 오직 노동뿐이다. 그런 의미에서 본다면 많은 재산을 가지고 있다는 것 은 그만큼 많은 노력을 했다는 의미이며, 그렇기에 존경받을 만하 다는 것을 뜻하기도 한다. 소유자 입장에서 본다면, 노동을 통해 일구어낸 재산은 내 몸의 일부나 다름없다. 자유주의 사회에서 신 체의 자유와 재산의 자유를 신성불가침의 영역으로 간주하는 것 은 바로 이러한 이유에서다.

영화와 같은 상황은 정말로 이상적인 것처럼 보였지만, 언제나 그러하듯이 현실은 달랐다. 무엇보다 문제는 땅이 한정되어 있다 는 사실에 있었다. 원하는 사람들에게 일정 정도의 땅을 계속해서 나누어줄 수 있다면 자유주의자들이 꿈꾸는 이상사회를 향한 최 소한의 기반이 갖춰져 있다고 봐야 할 것이다. 그러나 땅은 무한하 지 않고, 처음에 행해졌던 기회의 평등과 공정한 분배라는 조건은 계속 유지되지 않는다.

사회의 새로운 성원, 즉 아이들이 성장하여 독립할 때면 위에서 묘사한 바와 같은 공정한 기회를 부여받아야겠지만, 땅은 한정되 어 있기 때문에 그러한 원초적 분배는 얼마 못 가 중단되고 만다. 또한 최초에 공정한 분배를 받은 사람들 가운데 일부는 노력을 통 해 부를 증식시키지만, 또 다른 일부는 나태와 게으름으로 주어진 기회를 십분 활용하지 못한다. 결국 후자의 땅은 전자에게 팔리고 만다. 전자의 재산은 불어나고, 땅을 판 돈을 모두 소비하게 되면 후자는 몸밖에 가진 것이 없게 된다.

상황이 여기서 끝난다면 그다지 나쁠 것도 없다. 뿌린 대로 거둔 것이기 때문이다. 그러나 그들 각자는 가정을 꾸리고 있고, 그 아이들은 부모의 조건에서 자유로울 수 없다. 앞에서 말했듯이, 사회에서 새로운 구성원에게 제공할 기회, 즉 땅이 고갈되었기 때문이다. 부잣집 자식은 더 이상 스스로 노동할 필요를 느끼지 못한다. 가진 것이 몸밖에 없는 가난한 집 자식을 고용해서 쓰면 되기 때문이다. 그에게 개간과 경작을 시키고, 그 산물 가운데 일부만 주면 된다. 얼마나 편한가?

이러한 상황이 되면 애초에 자유주의자들이 꿈꾸던 이상과는 전혀 달라진다. 많은 재산을 가졌다는 것이 더 이상 존경받을 만한 이유가 되지 못한다. 그냥 좋은 부모를 만난 행운아임을 보여주는 것일 뿐이다. 재산권 또한 이전처럼 신성하지 않다. 노동력, 즉 내 몸을 써서 산출해낸 것이 아니기 때문이다. 가장 쉽게 재산을 늘리는 것은 재산을 이용하여 동료 구성원을 착취하는 것이다. 노동을 제공한 사람에게 그 대가를 적게 줄수록 자신의 재산은 더 불어나게 된다.

자본을 투자했으니 그가 더 많은 몫을 가지는 것이 당연하다고 주장하는 사람도 있을 것이다. 그러나 아무리 땅을 많이 가지고 있어도 혹은 아무리 많은 자본을 투자해서 생산 시설을 갖추어놓는다 하더라도, 거기에 노동이 부가되지 않으면 아무것도 생산해

낼 수 없다. 자본가는 생산 기반을 제공했지만, 그 기반은 고스란히 그의 소유로 남는다. 가치 창출의 핵심 요소는 바로 노동이다. 아무런 노동도 하지 않는다면 생산된 결과물에 대해 자본가가 주장할 수 있는 몫은 거의 없거나 혹은 매우 적어야 한다.

직접 경영에 참여해서 생산성 향상에 기여했다면 그에게도 물론 정당한 노동의 대가가 주어져야 할 것이다. 그 노동이 육체적인 것이든 아니면 정신적인 것이든 말이다. 생산 기반에 대한 감가상각도 이뤄져야 할 것이다. 기계가 낡아서 가치가 떨어졌다면, 그에 대한 보상이 이뤄져야 한다는 데 이견을 제기할 노동자는 없을 것이다. 하지만 그가 창출된 가치를 독점하여 노동자들에게 시혜를 베풀듯이 임금을 지불하는 것은 정당하지 못한 것이다.

그러나 실제 역사는 정당성을 고려하여 흘러가지 않는다. 산업혁명을 거쳐 자본주의가 무르익을 대로 익은 영국에서 노동자는 이미 자본가의 노예와 같은 신세가 되어 있었고, 자본가들은 호사의 극치를 보여주었다. 노동자들에게 일주일에 1만 원도 안 되는 급료를 지불하면서도, 자본가들은 다이아몬드로 이빨을 해넣고, 10만 원짜리 지폐로 담배를 말아 피고, 애완견에게 수천만 원짜리 목걸이를 해주었으며, 1억 원을 호가하는 쌍안경으로 연극을 관람하기도 했다.

노동자들은 워낙 박봉에 시달렸기 때문에 가장이 벌어들인 수입만으로는 가족이 입에 풀칠도 할 수 없었다. 임산부들까지 공장에서 일해야 하는 것은 물론이었고, 10세 미만의 아이들까지 새벽

5~6시부터 밤 8~9시까지 노동을 해야만 했다. 그들은 노예나 다름없었다. 성인 노동자들이 노동 시간을 하루 18시간으로 제한해 달라고 청원하기 위해 공청회를 열 정도였다. 아이들은 발육 부진과 만성적인 병에 시달렸고, 성인들은 40세 정도가 되면 노인으로 취급받을 정도였다.

이른바 아줌마 파마라 불리는 뽀글이 파마는 당시 여성 노동자들의 애환을 담고 있다. 그 시대에 공장에서는 혹독한 노동으로 피곤에 지쳐 깜빡 조는 사이 여성 노동자들의 긴 머리가 기계에 말려들어가는 사고가 빈번하게 발생했다. 그러자 자본가들은 여성 노동자들에게 머리를 짧게 자를 것을 강요했다. 그나마 직장을 잃어서는 생계가 막막했기 때문에 여성 노동자들은 취직을 위해 머리를 짧게 잘라야만 했으며, 그 모습이 보기 싫어서 머리를 뽀글뽀글 볶아 올린 것이다.

우리나라 아줌마들이 뽀글이 파마를 선호하는 것도 같은 이유에서다. 경제적·시간적으로 여유가 있는 계층은 세팅 파마와 같은 좀더 우아한 헤어스타일을 선호한다. 그러나 그럴 여유가 없는 사람들에게 긴 머리는 일하는 데 거치적거릴 뿐만 아니라 관리하기도 힘들다. 그렇다고 남자처럼 짧은 생머리를 하고 다니려니 어색하다. 따라서 한번 하면 오래가는 뽀글이 파마를 할 수밖에 없는 것이다.

아줌마 파마로 불리는 뽀글이 파마는 자유지상주의에 기반을 둔 순수 자본주의만으로는 정의로운 사회가 이뤄질 수 없으며, 자유주의가 자신의 생존을 위해서라도 거듭나지 않으면 안 된다는 것을 보여주는 상징이었던 것이다.

대규모 사회와
소규모 사회의 토양

나는 서울에서 멀지 않은 촌에 살고 있다. 이곳으로 이사 온 결정적 계기는 아이들이었다. 아파트에 살던 우리 부부는 단순히 아이들이 마당에서 뛰어놀면 좋겠다는 생각에 촌에 있는 주택으로 이사했다. 그리고 상상을 뛰어넘는 행복한 삶을 살던 중 큰아이의 취학통지서를 받았다.

우리 아이들은 이전에 어떤 교육 기관도 경험하지 못했다. 어린이집이나 유치원에도 가본 적이 없다. 그런 결정을 내린 것은 두 가지 이유에서였다. 먼저 그 또래의 아이들은 부모의 사랑을 듬뿍 받아야 할 때라고 생각했기 때문이다. 출근하는 어른들처럼 억지로 눈을 부비고 일어나는 것이 아니라, 늘어지게 자고 싶은 만큼 자고, 하루 종일 여유롭게 하고 싶은 것을 하는 모습이 무척 사랑스러웠고, 아이들은 행복해했다.

아이들을 어릴 때부터 교육 시설에 보내는 가장 큰 이유는 부모의 편의를 위해서다. 맞벌이를 하거나, 혼자 아이를 보기 힘들기 때문이다. 하지만 아이 입장에서도 그것이 최선일까? 시설에 근무하는 교사의 사랑이 부모의 그것보다 클 수는 없고, 따라서 아이들은 엄마 아빠와 함께할 때 가장 행복하다. 물론 여기에는 전제가 필요하다. 나와 집사람이 아무리 아이들을 사랑하고 그들과 노는 것을 좋아해도, 두 명의 아이를 하루 종일 끼고 있는 것은 정말로 힘든 일이 아닐 수 없다. 예부터 "애 볼래, 밭 맬래?"라고 물으면 누구나 밭 맨다고 하지 않던가? 하지만 언제나 명심해야 한다. 교육자가 어려운 길을 선택할수록 교육은 올바른 길로 갈 가능성이 높다는 것을 말이다. 나는 집사람과 그런 철학을 공유했고, 실천했다. 우리 아이들은 아주 건강하며 예의 바르고 행복하게 자랐다.

두 번째 이유는 남매를 가장 친한 친구로 만들어주기 위해서였다. 또래들과 어울리는 교육 기관에 다니다보면, 동생과 놀 시간도 별로 없을뿐더러, 동생과 노는 것을 재미없게 생각하기 마련이다. 하지만 하루 종일 붙어서 무언가를 해야 한다면, 둘은 가장 친한 사이가 될 것이라 생각했다. 나는 특별한 금지 사유가 없는 한 아이들이 원하는 것을 대체로 허용했지만, 어떤 이유에서든 절대로 용납하지 않는 가장 중요한 규칙은 남매간에 다투거나 좋지 않은 언사를 주고받는 것이었다. 내 모험은 성공적이었다. 아이들은 누구보다 더 친한 사이가 되었고, 덤으로 순박하면서도 사람을 만나면 무조건 반가워하는 성품을 갖게 되었다. 이런 상황에서 취학통지서는 아이들 교육에 커다란 분기점을 형성하는 것이었다.

사실 나는 아이들을 학교에 보내지 않을 작정이었다. 20년 넘게 학원과 대학 강단에서 강의한 나로서는 한국 교육이 아이들을 불행하게 만들고 있다는 확신을 가졌기 때문이다. 대치동 학원가에서 고등학생들을 가르치던 시절, 한 아이가 "전쟁이 났으면 좋겠어요"라고 말한 적이 있다. 내가 "전쟁이 얼마나 무서운 줄 알고 하는 소리니?"라고 묻자, 그 아이는 "설마 지금보다 불행하겠어요?"라며 충격적인 대답을 했다. 아이들이 공부에 치여 힘든 줄은 알고 있었지만, 그 대화는 상상조차 할 수 없었던 끔찍한 경험이었다.

한국 부모들의 유례없는 교육열은 사실 자녀가 경쟁에서 승리하고 사회생활에서 성공하는 데 따른 대리만족을 누리기 위한 것이다. 부모들은 "다 너희를 위해서야"라고 말하곤 하지만, 정말 그것이 자녀들의 행복을 위한 것인지는 의문이 아닐 수 없다. 성공이란 행복과 동의어가 아니기 때문이다. 유치원 때부터 무한 경쟁에 휘몰려, 제도권 교육과 사교육을 합해 10시간 이상씩 이른바 "뺑뺑이"를 돌아야 하는 아이들이 경쟁에서 승리하고 성공할지는 몰라도, 그렇게 유아기와 청소년기를 보낸 아이들이 쉽사리 행복한 삶을 살 것 같지는 않다. 일단 그들은 인생에서 가장 행복해야 할 시기에 행복을 유보하라고 강요받았다. 그렇게 해서 상위권으로 사회에 진출한다 해도, 자신과 비슷한 과정을 거친 사람들과의 또 다른 무한 경쟁이 기다리고 있을 뿐이다.

좋은 음식도 어릴 때부터 맛보지 못하면 그 맛을 음미하기 쉽지 않다. 햄이나 햄버거, 라면, 피자 등의 음식에 길들여진 아이들이 청국장이나 장아찌의 깊고 그윽한 맛을 즐길 능력을 기르기는 쉽지 않다. 마찬가지로 어린 시절부터 사랑과 행복에 파묻혀 살기보다 무한 경쟁에 내몰린 아이들이 삶의 여유나 인간관계의 향기를 향유하며 행복을 느낀다는 것은 힘든 일이다.

이런 이유로 학교에 보내지 않기로 결심했고 아이도 동의했다. 그러던 어느 날 갑자기 아이가 학교에 가겠다는 의사를 밝힘으로써 상황은 완전히 새로운 국면으로 접어들었다. 하지만 나는 이런 상황에 대해서도 대비책을 세워두었다. 학교에 보내야 한다면 전교생이 100명을 넘지 않는 작은 시골 학교에 보내야겠다고 생각한 것이다. 그래서 교육청에 전화를 하고, 해당 학교를 찾아가는 등의 노력을 통해 배정받은 읍내 학교가 아닌 지금의 학교에 입학시키게 되었다. 둘째 역시 그곳 병설 유치원을 거쳐 그 학교에 다니고 있다.

이 역시 쉬운 결정은 아니었다. 남들과 다른 길을 걸어야 한다는 것이 부담스러웠을 뿐 아니라, 대중교통이 없어 매일 차로 등하교를 시켜야 했기 때문이다. 하지만 우리 부부가 더 힘든 길을 택한 그만큼, 아니 그 이상으로 아이들은 행복해한다. 헬레나 노르베리 호지가 『오래된 미래』에서 통찰한 것처럼, 대규모 사회와 소규모 사회는 그 토양 자체가 다르기 때문이다.

대규모 교육에서 아이들은 어린 시절부터 대학을 졸업할 때까지 대체로 무수한 동년배들과 함께 지낸다. 부모의 눈에도 그렇겠지만, 어린아이들에게 동년배란 친구이면서 경쟁 대상이기도 하다. 부모 입장에서든, 아이 입장에서든 같은 나이의 다른 아이보다 못하다는 사실은 견디기 힘든 일이다. 나보다 나은 친구라 할지라도 그에게서 배워야겠다는 생각은 잘 들지 않는다. 자존심이 허락지 않는 것이다. 경쟁은 불가피하다.

하지만 한 명의 경쟁자를 극복하고 넘어서면 그 너머에는 또 다른 경쟁자가 있기 마련이다. 최소한 상당수를 물리칠 때까지 만족이란 없으며, 경쟁은 생활화된다. 어린 시절부터 남을 딛고 올라서는 것만이 행복의 지름길이며, 인생은 끝없는 전쟁터라는 생각이 지배하게 된다. 중학교 때 상위권 성적을 내면, 특목고나 자사고를 목표로 공부해서 경쟁자들을 이겨내야 하고, 그곳에 가면 또 일류대에 가기 위해서, 그다음에는 돈과 권력이 따르는 직업을 잡기 위해서 경쟁해야 한다.

거기서 끝나지 않는다. 진급에서 뒤처지지 않기 위해, 이른 나이에 잘리지 않기 위해 또 경쟁을 해야 한다. 인생은 긴장된 경쟁의 연속이다. 평화롭고 행복한 삶, 진정한 인간관계를 찾기란 힘들다. 다른 사람들은 그저 적이거나 이용 대상일 뿐이다. 그런 인생은, 아무리 다른 사람들을 짓밟고 정상에 서더라도, 행복하기 힘들 것이다.

반면 적은 수의 아이와 함께 생활하는 작은 규모의 학교는 전혀 다른 모습을 띨 수밖에 없다. 동년배의 숫자가 매우 적으므로 그들 사이에 깊은 친밀감이 자연스럽게 형성될 뿐 아니라, 몇 살 위아래의 또래 집단과도 함께 어울리게 된다. 그런 상황에서 공부든 놀이든 간에 형/오빠나 언니/누나에게 배우는 것은 무척 자연스러우며, 전혀 부끄러운 일이 아니다. 역으로 자신보다 나이가 어린 아이들은 언제나 잘 보살펴야 하는 대상이다. 같은 학교나 동네의 어린 동생이 커다란 실수를 하거나 다치면 그곳에 있었다는 이유만으로도 비난의 대상이 될 수 있는 것이다. 자연스럽게 배움을 받고 가르치면서 공동체의 구성원으로서 더 큰 '나'를 위해 행동하는 법을 배운다. 경쟁이 전혀 없는 것은 아니겠지만, 전체적인 토양은 양보와 협동의 정신을 배우기에 좀더 적합하다.

도시에서 학교 밖의 사회는 아이들에게 또 다른 정글이다. 가까이는 등하굣길에서, 그리고 크게는 삶 자체에서 아주 많은 사람과 마주친다. 그들 대개는 알지 못하는 사람들이며, 서로에게 관심도 없다. 그렇게 많은 사람이 마주치며 살아가는 도시라는 비면식非面識 공간은 타인을 배려하는 온화하고 유덕한 인격이 성장하기에 그리 좋지 못한 토양이다. 학교에서는 타인을 배려하고 자신의 이익보다 공익을 앞세우는 유덕한 사람이 되라고 교육하지만, 도시라는 대규모 비면식 공간은 유덕함을 키우기에 좋은 지반이 될 수 없다. 유덕함에 대한 보상과 부덕함에 대한 처벌이 너무나 우연적으로 주어지기 때문이다. 어린아이들이 어른들에게 무례한 행동을 하더라도 주변 사람들은 그저 피하고 만다. 어떤 봉변을 당할지 모르기 때문이다.

촌의 경우를 생각해보자. 촌에는 많아야 수십에서 수백 가구로 이뤄진 작은 공동체가 산재한다. 수백 가구짜리 마을 몇 개를 합해봤자 도시의 작은 아파트 단지 하나도 되지 않는다. 자기 마을은 물론이거니와 옆 마을에 사는 사람들까지 모두 서로를 알고 있다. 이런 공동체에서의 생활 모습은 도시의 그것과는 사뭇 다르다. 어른을 만나면 당연히 인사를 해야 한다. 의견 충돌이 있어도 자기만을 내세워 극단적인 다툼으로 이어져서는 안 된다. 버스를 타고 갈 때 어른이 타면 당연히 일어서야 한다. 타인을 무시하고 자기만 생각하는 이기적인 행위를 했다가는 왕따를 당하게 되어 그곳에서의 생활 자체가 불가능해질 것이기 때문이다.

모두가 모두를 알고 있는 소규모 면식 공간에서 유덕한 행위에는 언제나 칭찬과 환대라는 보상이 따르기 마련이고 부덕한 행위에 대해서는 비난과 질시라는 처벌이 따르기 마련이다. 뉘 집 자식은 예절이 바르더라는 소문은 그 가족 전체가 그 마을에서 편하게 생활할 수 있는 밑거름이 되며, 그 반대 또한 성립한다.

인류학자들이 증언하듯이, 전통적인 소규모 공동체에서는 행위자 자신이 인식하지 못할 정도로 어린 시절부터 유덕한 행위에 대한 보상과 부덕한 행위에 대한 처벌이 필연적인 관계라는 것을 체득하게 된다. 그런 토양에서 성장한 사람은 타인을 배려하는 행위 자체가 습관이 되어 제2의 천성으로 자리 잡을 가능성이 매우 높다. 유덕한 행위 자체를 즐기는 인간이 되는 것이다.

아이들이 학교와 유치원에 다니기 시작한 지 한 달여가 지날 무렵부터 나는 이와 같은 통찰이 단순히 이론적인 것이 아님을 경험했다. 이제 두 녀석 모두 넉넉한 인간관계의 향기를 음미하면서 행복한 학교생활을 하고 있다. 가지 말라 해도 가겠다고 난리다. 준비물을 비롯한 모든 필수품을 학교에서 지원해준다. 이것은 아이들의 행복을 위해 힘든 길을 택한 부모에게 돌아오는 이자다.

골프와
자기 수양

24

골프라는 운동에서 가장 인상적인 점은 자기 수양 과정이라는 측면이 매우 강하다는 것이다. 다른 운동은 대부분 성공 확률을 높이는 데 집중한다. 축구는 90분 동안 수십 번의 슈팅 가운데 두세 골만 들어가도 관중의 환호를 받고, 야구의 경우 10번 타석에서 안타를 세 번만 쳐도 최고의 선수로 인정받으며, 농구는 슛을 열 번 시도하여 서너 차례만 성공해도 잘했다는 평가를 받는다.

하지만 골프는 그와 정반대로, 실수를 줄여야 하는 운동이다. 한 게임에서 70여 차례의 플레이가 진행되는 동안 서너 차례의 실수만 범해도 좋은 점수를 기록할 수 없다. 멋진 플레이를 기대하기보다는 치명적인 실수를 하지 않는 것이 경기를 성공적으로 이끌어가는 최선의 방책이다.

하수와 고수, 아마추어와 프로의 차이도 여기서 비롯된다. 하수들은 '나이스 샷'이 몇 차례만 나와도 매우 만족하며 그날 경기가 성공적이었다고 자평하지만, 고수 혹은 프로들은 한두 번만 실수해도 경기를 망쳤다며 자책하곤 한다. 하수들은 드라이버 티샷을 열 번 쳐서 한 번 220미터의 비거리를 기록하면 자신의 장타 능력을 과시하며 그것이 자신의 평균 비거리라고 자랑하지만, 고수들은 250~260미터의 티샷을 날릴 능력을 가지고 있더라도 욕심을 버리고 230~240미터의 비거리를 구사하여 페어웨이 안착률을 높이고자 노력한다.

하수들은 어려운 상황에서 펼친 멋진 플레이를 자랑하지만, 고수들은 어려운 상황에 처한 것 자체를 자랑스럽지 못한 일로 여긴다. 그 전에 이미 실수를 했기 때문이다. 또한 하수들은 문제에 봉착했을 때 환상적인 샷으로 즉각 만회하고자 하지만, 고수들은 자신의 실수를 인정하고, 불가피한 상황이 아니면 모험을 피하여 안전한 샷을 통해 한 타를 잃는 것에서 만족한 뒤 다음 기회를 노린다.

한국 골퍼들의 상황은 더욱 심각하다. 전 세계적으로 평균 타수가 70대인 싱글 골퍼는 1퍼센트에 불과하며, 13퍼센트가 80~90대이고, 나머지는 100타를 넘긴다고 한다. 그런데 한국 골퍼들 중 5퍼센트가 평균 타수 70대임을 자처하며, 25퍼센트가 평균 80대임을 주장하고, 100타를 넘기면 수치로 여긴다. 일반 남자 골퍼의 평균 드라이버 비거리는 180~190미터 정도인데, 우리나라 남성 골퍼들은 자신의 평균 비거리가 230~240미터라고 주장한다.

연습장에서 연습을 하다보면 "300미터 정도 나가지요?"라고 묻는 사람이 많다. "잘 맞아야 240미터입니다"라고 답하면 그들은 "그럴 리가 있나요? 제가 240미터 정도 나가는데요?"라고 반문하곤 한다. 일반 아마추어 골퍼들과 함께 플레이를 해보면, 적게는 20~30미터, 많게는 60~70미터까지 차이가 나는데도 말이다. 내가 "PGA 탑 클래스의 프로들도 300미터를 보내기는 쉽지 않습니다. PGA 프로들의 평균 드라이버 비거리가 260미터 정도이고, 한국 프로들은 당연히 그보다 좀더 짧습니다"라고 차근차근 설명을 해줘도 믿지 않는다. 그다음부터는 그냥 우기거나 자리를 뜬다.

평균 90개 정도를 기록한다는 사람도 실제로는 105~110개를 기록하는 경우가 많다. 우리 처부모님도 1년 전까지는 당신들이 80대 플레이어라고 말씀하셨지만, 나와 경기를 몇 차례 한 다음부터는 "우리는 백돌이야. 사람들은 왜 그리 점수를 올리려 하는지 몰라. 그래서 뭐하려고? 재미도 없고"라고 말씀하시곤 한다.

더욱이 우리나라 골퍼들은 캐디에게 은근히 압박을 준다. "우리는 싱글이야. 일단 첫 홀은 다 파로 적고, 알아서 잘 적어봐"라고 말이다. OB가 나면 벌타를 몇 점 받는지, 어디에서 쳐야 하는지조차 잘 모르고, 그린에서는 스스로 컨시드를 주기도 한다. 그러고 나서도 스코어가 좋지 않으면 캐디에게 화를 내기도 한다. 반대로 프로들은 캐디가 점수를 올려 적으면 불쾌해한다.

자신의 실력을 잘 모르니 남에 대한 평가도 제대로 될 리가 없다. 연습을 하다보면 가끔 나를 가르쳐주려는 분들이 있다. 아마도 내가 연습장에 갈 때 골퍼다운(?) 복장을 갖추지 않기 때문인지도 모른다. 하지만 하수는 상수를 알아보지 못해도 상수는 하수의 수준을 금방 알아보는 법이다. 얼핏 보기에도 나와 최소 20~30점은 차이가 나는 사람이 내 티의 높이를 조절해주고, 자세를 잡아주고 침을 튀겨가면서까지 설명하는 모습을 보면 그냥 웃고 말 수밖에 없다.

사실 골프의 어려움은 몸의 본능적인 움직임을 역행해야 한다는 데 있다. 예를 들어 스윙을 할 때 팔꿈치는 안쪽이 아니라 바깥쪽을 향해 굽어야 올바르게 타구할 수 있다. 또한 공을 앞에 두면 세게 타구하기 위해 어깨에 힘을 주는 것이 인지상정이지만, 좋은 플레이를 하려면 몸에서 허리를 써서 스윙의 아크와 스피드를 최대화해야 한다. 그러려면 스윙의 후반 스피드가 빨라야 하므로, 즉 초반에 속도를 줄이는 인내가 필요한 것이다.

그렇다면 왜 골프가 자기 수양과 닮았다고 하는가? 동양에서는 인격적 수양이 최고의 경지에 이른 사람을 성인聖人이라고 부른다. 하지만 성인은 완벽한 판단력과 실행 능력을 갖춘 사람이 아니다. 공자에 따르면 훌륭한 인격자의 기준은 "한강에서 뺨 맞고 종로에서 화풀이하지 않으며, 같은 실수를 두 번 하지 않는" 사람이다.

중요한 것은 실수를 인정하는 데 있다. 인간인 이상 아무리 노력해도 완벽할 수는 없다. 게다가 수양이 인생 전반에 걸쳐 이루어진다는 사실을 감안하면, 젊었을 적의 실수란 불가피한 것이기도

하다. 하루는 공자가 지인의 하인에게 그 사람의 안부를 묻자 하인은 이렇게 답했다. "그분께서는 실수를 줄이고자 노력하고 계십니다." 이에 "어떻게 그런 경지에 이를 수가 있을까?"라고 감탄하며 존경의 마음을 표했고, 스스로에 대해서는 "(평생 동안의 인격 수양을 통해) 70세에 들어서야 마음 가는 대로 행동해도 법도를 어기지 않았다"고 말했다.

타인을 배려하는 인격 수양이란 대체로 이기적인 본성에 역행하여 심사숙고한 후 행동하는 습관을 들이는 것을 의미한다. 예컨대 야근 후 파김치가 되어 지하철 빈자리에 앉았는데 서 있는 임산부나 노인을 보면 순간 눈을 감고 자는 척하고 싶다는 마음이 들 것이다. 그러나 그도 누군가의 소중한 아내이고 부모임을 떠올린다면 자리를 양보하기가 한결 쉬워질 것이다. 본능을 거스르는 이러한 과정이 여러 차례 반복되면, 도덕적 행위가 수월해지는 단계를 넘어 궁극적으로는 그로부터 더 큰 만족감을 얻는 단계에 이른다. 심사숙고와 인내를 통해 안으로 굽기 마련인 팔꿈치를 바깥으로 굽히도록 노력하고, 골프채를 빨리 휘둘러 치고자 하는 마음을 다잡고 좀더 넓은 시야로 몸의 균형 잡힌 운동을 만들어내듯이 말이다.

하지만 "한 마리의 제비가 왔다고 해서 여름이 온 것이 아니"듯, 훌륭한 행동을 한두 번 했다고 해서 인격자가 되는 것은 아니다. 인격 완성이란 인생 전반에 걸친 끊임없는 수양 끝에 얻어지는 결과물이다. 나처럼 평범한 사람이 1퍼센트를 넘어 0.01퍼센트의 골퍼가 되기 위해서는 매일 피나는 훈련이 필수적인 것처럼 말이다.

싱글에 진입하여 퍼팅의 중요성을 인식한 뒤부터는 퍼팅 연습 매트를 사다가 연습을 시작했다. 처음에는 하루 100개 성공을 목표로 하되, 실수가 나오면 점수를 2점씩 깎는 식이었다. 스스로에게 가을 서리처럼 엄격하게 대해야만 진보가 가능할 것이기 때문이다. 실수를 줄이고 또 줄인 끝에 하루 종일 걸리던 연습이 몇 달 후에는 1시간 안에 끝날 수 있었다. 그다음에는 연속 100개를 넣을 때까지 하되, 실수를 하면 처음부터 다시 하는 식으로 연습을 했다. 그런 식으로 연습을 한 지 2년여가 지나자, 연속 1000개에 성공할 수 있었고, 그 후로는 하루에 연속 50개를 넣는 것으로 연습을 대신하고 있다.

그렇다고 해서 실수를 하지 않을 것이라고 생각하면 오산이다. 요즘도 이따금씩 실수를 해서 처음부터 다시 시작하곤 한다. 물론 두 번의 과정을 거쳐봤자 20분가량이 소요될 뿐이지만, 그렇게 오랜 연습과 피나는 반복에도 불구하고 실수할 수밖에 없음이 인간의 조건임을 깨닫고 스스로를 다잡으며 더욱더 겸손해야 함을 다짐하곤 한다.

스윙을 연습할 때도 마찬가지다. 클럽당 연습 개수를 정해놓고, 실수를 하면 점수를 깎되 같은 실수가 몇 차례 반복되면 아예 처음부터 다시 시작한다. 준비 자세부터 어떤 동작에 집중해야 하는지 심사숙고하여, 서둘러 치고자 하는 내 몸의 욕구를 억누르고 전반적인 균형을 잡는 데 최선을 다한다. 하지만 실수는 불가피하며, 다시 겸손과 인내의 중요성을 깨닫는다.

공자는 인격 완성자란 "많이 가지고 있으면서도 티를 내지 않는 것"이라고 표현한 바 있다. 많이 가진 것은 돈일 수도 있고, 실력일 수도 있으며, 인격 수양의 결과일 수도 있다. 앞서 말했듯 한국의 일반적인 골퍼들은 스스로를 자신의 실력 이상으로 내세우고 그에 걸맞게 대접받기를 원하지만, 수양 혹은 실력이 어느 경지를 넘어서면 저절로 바뀌게 된다. 과거 한 중소 단체 티칭프로와 동반 플레이를 하는데, 그분이 비거리에 대해 고민하기에 "그 정도면 플레이하기에 충분하십니다"라고 말했더니, "아닙니다. 허리가 부서져라 휘둘러도 200미터밖에 안 나가는걸요"라고 답해 서로 웃은 적이 있다.

연습을 하고 있노라면 "몇 타나 치세요?"라고 묻는 사람들이 가끔 있다. 사실 골퍼에게, 특히 프로 골퍼에게는 그런 질문 자체가 실례이지만, 그들의 궁금증이 충분히 이해는 간다. 아마도 앞서 말했듯 내가 골퍼다운(?) 복장을 갖추지 않았기 때문이리라. 하지만 나는 그저 웃음으로 얼버무리면서, 그들이 나를 프로 골퍼라고 생각했다면 저런 질문을 던지지 않았을 텐데, 아직은 많이 부족하구나라며 스스로를 다잡는다.

소크라테스
죽음의 진상과
'쇠파리'의 가치

25

역사상 가장 위대한 철학자 중 한 사람인 소크라테스의 삶과 죽음은 매우 극적인 것으로 알려져 있지만, 철학자인 나로서는 그 이야기에 별 감동을 받지 못했다. 지나치게 편파적이기 때문이다. 서양 사상사에 지대한 영향을 끼친 철학자인 플라톤을 제자로 둔 덕을 톡톡히 본 것이다. 플라톤이 전하는 소크라테스의 죽음은 이렇다.

스스로가 지혜롭지 못하다고 생각했던 소크라테스는 자신이 아테네 사람 가운데 가장 현명하다는 신탁의 내용에 당황한다. 의아했던 그는 정치가, 시인, 기술자 등 그 사회의 엘리트들을 차례로 찾아간다. 그들이 자신보다 더 현명함은 명약관화하다고 생각했기 때문이다. 하지만 대화하던 중 그들은 천부적인 재능으로 직분을 수행하고 있을 뿐, 자신이 하는 일에 대한 이해가 깊지 못함을 알게 되었고 신탁이 옳았음을 깨달았다. 그들은 자신들의 상황을 깨닫지도 못하지만, 적어도 소크라테스는 자신의 무지함을 자각하고 있었기 때문이다. 그는 신탁의 진정한 의도를 깨달았다. 인간의 지혜란 보잘것없음을 보여주고자 한 것이다. 그는 사람들에게 무지의 자각을 촉구했다. "너 자신을 알라!"는 유명한 격언은 소크라테스의 정신을 잘 보여준다. 그러나 이러한 그의 선각자적 행동은 사람들의 시기를 불러일으켰고 결국 젊은이들을 타락시켰다는 말도 안 되는 죄목으로 고소당해 사형에 처하기에 이른다.

그러나 공정을 기하기 위해서는 반대편 입장에서도 바라볼 필요가 있다. 그가 찾아갔던 엘리트들의 눈으로 재구성해본다면 상황은 아마도 다음과 같을 것이다.

소크라테스라는 골칫덩이가 한 명 있다. 그럴싸한 말로 젊은이들을 현혹시키고 권위자들에게 뜬금없는 질문을 던져 당혹스럽게 하는 것으로 유명한 사람이다. 어느 날 그가 찾아와 다짜고짜 질문을 퍼붓는다. "정치란 무엇인가요?" "백성을 이롭게 한다는 것은 무엇을 의미하지요?" "시의 본질은 무엇인가요?" "절대적 선의 존재와 당신이 하고 있는 일의 관계를 아시나요?"와 같은 질문들 말이다. 불청객이지만 막 대할 수는 없어 처음에는 나름대로 성의껏 대답한다. 그러나 질문이 꼬리에 꼬리를 물자 서서히 짜증이 나기 시작해 "몰라요, 몰라"라고 말해버린다. 그는 다소 실망한 듯도 하고 만족한 듯도 한 묘한 표정을 지으면서 돌아간다. 그런데 곧 다른 권위자들도 같은 봉변을 당했다는 소식을 들었다. 괘씸하기 그지없는 일이다. 개인적 차원뿐만 아니라 사회적 차원에서도 그의 위험성은 점점 더 커져갔다. 젊은 이들이 그의 행동을 따라 하기 시작한 것이다. 권위자들과 윗사람에게 이것저것 따져 묻는 것이 유행이 되었다. 그저 권위에 도전하는 것을 용기로 여기기 마련인 게 젊은이들인데, 불에 기름을 부은 격이었다. 그를 더 이상 방치할 수는 없었고 어떤 식으로든 제재를 가해야만 했다.

사실 한발 물러서서 보면 전자보다 후자 쪽이 훨씬 더 그럴싸해 보인다. 소크라테스가 법정에서 보인 태도가 이를 방증한다. 그의 제자인 플라톤이 쓴 것임에도 불구하고, 『소크라테스의 변명』이라는 책은 냉철하게 읽으면 소크라테스가 얼마나 고집불통 골칫덩어리였는가를 잘 보여준다. 고발당한 소크라테스는 유죄 여부를 가리는 1차 판결에서 근소한 차이로 유죄를 선고받은 후 이제 형량을 결정하는 2차 판결만을 남겨두고 있었다. 당시 아테네의 재판 관습에 따르면, 유죄 선고가 내려진 뒤에는 원고와 피고가 각각 형량을 제안하고, 배심원들의 투표로 둘 중 하나를 선택하도록 되어 있었다. 원고 측에서는 사형을 제안했다. 지나친 감이 없지는 않지만, 그 사회의 모든 권위자를 희롱하다시피 하고 젊은이들에게 모방심리를 조장한 사람에 대해 느끼는 분노를 이해 못 할 바도 아니다. 문제는 소크라테스의 제안이었다. 유죄가 결정된 상태였음에도 그는 자신에게 마땅한 처벌은 (현대적으로 번안해서 말하면) 최고급 호텔 뷔페 무료 시식권 10장이라고 말했다. 하지만 이를 처벌로 제안할 수는 없으므로 7000원 정도의 벌금형을 제안한다고 말했다.

토론의 달인으로 알려져 있는 소크라테스이지만 반대편의 눈으로 보면 그는 상대방을 전혀 생각하지 않고, 유아독존적이며 자신만이 옳다고 주장하는 전형적인 독단론자일지도 모른다. 현대의 다원주의적 입장에서 본다면 어떤 상황에서든 자신이 전적으로 옳다고 주장하는 것은 토론의 기본조차 모르는 태도다.

그의 이러한 태도로 인해 1차 판결과는 달리 2차 판결에서는 압도적인 표차로 사형이 결정되었다. 아무리 억울하다 해도 분쟁 해결의 마지노선인 법정에서 이미 유죄 판결을 받았다면 스스로의 오류 가능성을 진지하게 반성해보아야 하는데, 법정의 판결마저 일고의 가치가 없는 것인 양 무시하는 태도가 배심원들의 분노를 샀음에 틀림없다.

소크라테스의 죽음보다 내게 깊은 인상을 준 것은 많은 사람이 거의 주목하지 않는 한마디 말이었다. 소크라테스는 스스로를 쇠파리와 같은 존재라고 묘사했다.

쇠파리는 소의 등에 앉아 피를 빨아먹는다. 소는 쇠파리를 물리

치기 위해 연신 꼬리로 등을 때린다. 너무나 무딘 소로 하여금 끊임없이 각성하게 만드는 쇠파리에 자신을 비유한 것이다. 자신은 단지 정체되기 쉬운 사회를 각성시키는 존재였다는 것이다.

인간이 모여 사는 사회란 보수적인 성격을 띨 수밖에 없다. 사회 구성원들이 기존의 문화와 가치관에 의해 사회화되며, 누구나 자신과 자신이 속한 집단의 사고 및 행동 방식이 가장 적절하고 정상적인 것이라 여기기 때문이다.

이러한 보수적 성향은 사회의 안정을 보장하지만, 여기에는 적지 않은 대가가 따른다. 전혀 다른 패러다임을 통해 인류와 역사의 발전을 도모하는 창의적인 인재들을 억압하는 것이다. 갈릴레이, 광해군, 정약용, 초기의 노예 해방론자와 성평등론자들 그리고 현대에 와서는 성적 소수자의 권리를 옹호하는 이들이 모두 그 희생자였다.

무뎌지기 쉬운 사회를 끊임없이 각성시키는 쇠파리를 쉽게 단죄하고 축출해버리는 사회는 고여 있는 물이 그러하듯 썩을 수밖에 없으며, 결국 혁명이라는 커다란 대가를 치르게 된다. 인류는 역사를 통해 스스로를 각성시키는 쇠파리와 같은 존재들을 포용할 줄 아는 사회만이 창의성뿐 아니라 건전성과 무한한 발전 가능성을 동시에 가질 수 있음을 배워왔다.

그러나 주변을 둘러보면 그러한 쇠파리의 가치를 몰라보는 경우가 여전히 비일비재하다. 지인 중 한 사람이 제법 규모가 큰 서비스업에 종사하는데, 자신의 서비스에 대한 자부심은 대단하지만 불만을 제기하는 고객들을 모두 몰상식한 사람으로 몰아가는 경향이 있다. 열심히 일하는 덕에 현상 유지는 하고 있지만, 쇠파리들이 앵앵거리는 소리에 더욱 귀를 기울인다면 관련 업계에서 두각을 나타낼 수 있을 텐데 그러한 기회를 스스로 거부하고 있는 듯해 안타깝기 그지없다.

10여 년 전 대치동에서 고등학생들을 대상으로 논술 강의를 한 적이 있다. 논술 수업을 인상적이라 생각했던 한 학생이 내 가르침을 지나치리만치 충실하게 실천했나보다. 어느 날 상담을 요청한 그 학생의 어머니가 "아이가 논술 수업만 받고 오면 한 시간 이상 이것저것 따져 묻고서야 직성이 풀리는 것 같아요"라고 말하기에, 나는 "논술 교육의 목적이 그런 것입니다. 아이들이 당연한 것조차도 궁금해 하고 따져 묻도록 함으로써 창의력을 길러주는 것이지요"라고 대답했다.

하지만 얼마 후부터 그 아이를 볼 수 없었다. 그 어머니의 목적은 아이의 창의성 향상이 아니라 대입에서의 고득점이었다. 쇠파리의 앵앵대는 소리가 싫어 아이의 사고가 넓어지고 자녀와 격의 없는 대화를 통해 건전한 가정을 만들 기회를 스스로 물리친 것이다.

이러한 일이 비단 내 주변에서만 끝나는 현상은 아닌 듯하다. 자신과 다른 목소리를 내는 사람들, 그리하여 스스로 각성하게 만드는 사람들을 사회의 적인 양 몰아가는 모습을 보면 한국사회의 퇴보를 우려하는 목소리가 여전히 크게 들리는 이유를 이해할 수 있다.

개인이든 가정이든 회사든 국가든 간에, 쇠파리들이 앵앵거리는 소리를 귀찮아하지 말고 그것을 스스로 돌이켜볼 기회로 삼을 때 그 사람과 집단은 고인 물 신세를 벗어나 발전할 수 있음을 명심해야 한다.

제4부

×

몰입의 삶
그리고 공동체

권위적이지 않게
권위를 얻기

26

사회적으로 성공을 꿈꾸는 많은 사람은 권위를 갖고 싶어한다. 권위 있는 의사, 권위 있는 학자, 권위 있는 법조인 등을 꿈꾸는 것이다. 그리고 사회가, 자신이 속한 집단이 올바로 작동하지 않는 이유를 권위에서 찾곤 한다. 국정 운영이 잘 안 되는 이유는 대통령의 권위가 추락한 탓이고, 공교육이 표류하는 이유는 교사의 권위가 실추했기 때문이라는 것이다. "이거, 선생(혹은 대통령)의 권위가 이렇게 서지 않아서야……"와 같은 이야기는 쉽게 들을 수 있다.

이렇게 한 사회가 올바로 작동하지 않는 문제의 원인을 권위 상실에서 찾을 경우, 문제의 해결책은 당연히 권위의 회복일 것이다. 그리고 권위의 회복을 꾀하는 이들이 가장 흔히 취하는 방법은 엄숙하고 강압적인 분위기를 형성하는 것이다. 교사에게 체벌을 허용해서 학생들이 교사를 함부로 대하지 못하도록 하거나, 회사 직원들에게 청바지와 같은 자유로운 복장을 하지 못하게 하는 것이다. 마치 왕정 시대에 왕 앞에서 함부로 행동하거나 말하지 못하도록 함으로써 왕의 권위를 보였던 것처럼 말이다.

그런데 당사자의 이런 노력에도 불구하고 그들이 원하는 권위란 그런 식으로 주어지는 것이 아니다. 난해한 용어를 쓴다고 해서, 고급 승용차를 탄다고 해서, 정장을 입는다고 해서, 엄숙한 분위기나 위협적인 상황을 조성한다고 해서, 그리고 폭력을 사용한다고 해서 그 사람을 존경하지는 않는다. 물론 비싼 정장을 입고 고급 승용차에서 내리면 경비원이나 음식점 직원이 좀더 굽실거릴지는 모르지만, 그것이 상대방의 권위를 인정해서가 아님은 모두가 아는 사실이다.

여기서 중요한 것은 '권위'라는 말에 있는 이중적 의미를 이해하는 일이다. 이는 일상어의 용례를 보면 쉽게 알 수 있다. '권위 있는 학자(의사/교사)'와 '권위적인 학자(의사/교사)'는 분명히 다르다. 전자가 긍정적 뉘앙스를 띤다면, 후자는 부정적이다. 권위를 추구한다고 해도 후자를 원하는 사람은 없을 것이다. "권위 있는 상사"가 되고 싶어하지, "권위적인 상사"가 되고 싶어하지는 않는다.

하나의 단어가 두 가지 이상의 의미로 쓰인다면, 최소한 그 어원이 같거나 의미상의 공통분모를 가지기 때문이다. '권위'의 경우 복종이라는 의미상의 공통분모를 가진다. 긍정적이든 부정적이든 '권위'라는 말은 복종과 관련이 있다. 이를 앞에서 거론한 여러 사례에 적용해보면 쉽게 이해할 수 있다. 사람들이 권위를 원하는 것은 타인이 자신에게 복종하기를 원하는, 권력에 대한 의지의 표명인 것이다.

하지만 다른 사람들이 복종한다고 해서 그가 곧바로 권위를 갖게 되는 것은 아니다. 복종의 이유가 그의 무력이나 경제력 때문이라고 한다면, 그것은 단순히 힘의 과시에 불과하기 때문이다. 사람들이 추구하는 권위는 분명 지배와 다르다. 사랑하는 여성이 자신을 만나는 이유가 돈이나 힘 때문임을 알고도 좋아할 사람은 없을 것이다. 누구나 상대방이 자신을 인간 그 자체로서 좋아하고 따라 주기를 바란다.

부정적 의미의 권위를 통해 얻게 되는 복종이란 진정한 의미의 복종이라고 할 수 없다. 힘이 부족해서 고개를 조아리는 척할 뿐, 내가 경제력 혹은 무력을 상실하거나 상대방이 나보다 더 큰 힘을 얻게 되면 상황은 180도 변할 것이기 때문이다. 힘이 약해 복종하는 모양새를 보일 때조차도, 당사자가 없을 때에는 그를 욕하고 조소하곤 한다.

여기서 쉽게 추론할 수 있는 사실은 그 반대편, 즉 긍정적 의미의 권위란 자발적인 복종을 수반하리라는 점이다. 몸이 아프면 권위 있는 의사에게 진찰을 받고, 배움을 얻고자 한다면 권위 있는 학자의 가르침에 따르며, 권위 있는 예술가의 작품을 사고자 하는 것은 누가 억지로 시켜서 하는 일이 아니다. 자발적으로 그 사람을 찾고 따르고자 하는 이런 태도야말로 진정한 '마음으로 복종함',

즉 '심복心腹'인 것이다.

대부분의 사람은 긍정적인 권위를 갖고 싶어한다. 부정적 의미의 권위가 경제력이나 무력을 통해 획득 가능하다는 것은 이해하기 어렵지 않다. 그렇다면 긍정적 의미의 권위는 어떻게 형성되는 것일까? 긍정적 의미의 권위를 얻기 위해서는 또다시 그 말의 일반적 용례를 살펴보는 것이 유용하다.

용례를 생각해내기란 어렵지 않다. 권위 있는 학자, 권위 있는 의사, 권위 있는 발명가, 권위 있는 요리 전문가 등등. 그리고 조금만 더 주의 깊고 세심하게 살펴본다면, 그 용례들은 모두 일종의 계약과 관련이 있음을 발견할 수 있다.

권위와 관련된 계약의 특수한 성질은 그것이 명시적이 아닌 암묵적 형태로 존재한다는 사실이다. 치과 의사에게 진료를 받기 위해 진료대에 누워 입을 벌릴 때, 누구도 그 의사가 자신의 목을 찔러 죽이리라고 의심하지 않는다. 그의 소임이 무엇인지는 의사도, 우리도 이미 알고 있다. 미용실에 가서 머리카락을 자를 때도 마찬가지다. "절대로 그 가위로 내 귀나 코를 잘라서는 안 됩니다. 당신은 내가 원하는 대로 머리를 다듬어주고, 일정 정도의 대가를 받아야 합니다. 그런 내용의 계약서에 먼저 서명하고 시작하도록 합시다"라고 말하는 사람은 없다.

많은 사회적 관계에서는 분명한 계약이 없어도 당사자들이 이미 서로의 역할을 잘 알고 있다. 따로 계약서를 쓰거나 구두로 약속을 하지 않더라도, 어떤 사람이 특정 분야의 일에 종사한다는 것 자체가 이미 사회 안에서 계약과 같은 역할을 하는 것이다. 권위란 그런 암묵적인 계약을 충실히 혹은 기대 이상으로 잘 이행하는 사람에게 저절로 생겨난다. 사람들은 최소한 그 분야와 관련된 일에 있어서는 그에게 자발적으로 복종하는 것이다.

반대로 암묵적 계약이 존재하지 않거나 혹은 그 계약을 이행하지 않은 상태에서 강제로 사람들을 복종시킨다면, 권위를 얻을 수 있을지는 모르지만, 그것을 바람직한 의미의 권위라고 할 수는 없을 것이다.

의사는 맡은 분야에서 사람들을 열심히, 잘 치료하면 권위 있는 의사가 된다. 학자는 훌륭한 학문적 성과를 내야 권위 있는 학자가 된다. 어느 한 분야도 예외는 없다. 닭을 정말 맛있게 튀겨낸다면 닭튀김의 권위자가 될 수 있을 것이다. 다른 사람들이 자신을 존경하고 따르기를 원한다면, 먼저 사회가 당신에게 요구하는 역할을 충실히 해내야 하는 것이다.

상한 돼지고기를 먹은
붓다

27

15년 전쯤, 십팔기라는 무예의 전수자이자 체육학과 박사과정생이었던 친구와 품앗이를 한 적이 있다. 그 친구는 내게 한문을 배우고, 나는 그 친구에게 무술을 배웠다. 그러던 어느 날 그 친구와 동문수학한 승려가 찾아와 같이 운동을 했다. 그 친구와 승려는 함께 식사할 것을 청했고, 나는 흔쾌히 승낙했다.

그런데 나는 곧 고민에 빠졌다. 이전에 공부 모임에서 알고 지내던 비구니와의 기억 때문이었다. 당시 그와 함께 식사를 해야 할 때면 어디에 가야 할지부터가 고민이었다. 일행들은 무엇을 먹자는 의견을 자유롭게 말할 수 없었다. 식당을 골라 들어갔을 때 승려가 "비빔밥에 계란하고 고기 빼고 주세요" "된장찌개에 바지락이나 조개는 넣지 말아주세요"와 같이 말하는 것을 불편해하는 이도 있었다.

생각 없이 식사를 함께 하기로 해놓고 잠시 혼자 고민에 빠져 있을 때, 그 승려가 "우리 삼겹살이나 먹으러 가죠"라고 활기차게 말했다. 다소 놀라웠지만, 일단 내 고민거리는 쉽사리 해결된 셈이었다. 그런데 삼겹살집에 가서도 편치는 않았다. 까까머리에 승복을 입은 사람이 삼겹살집에 들어갔으니, 그곳을 가득 채운 손님들의 이목이 우리에게 집중되었던 것이다.

사람들의 시선을 의식하며 쩔쩔매던 나와는 달리, 그 승려는 전혀 개의치 않고 자리에 앉아서는 "아주머니, 여기 삼겹살 3인분하고 소주 두 병 주세요"라고 큰 소리로 외쳤다. 나뿐만 아니라 그곳에 있던 모든 사람이 일순간 당황했지만, 그의 당당한 태도에 사람들은 이내 우리에게서 관심을 거두었다. 그리고 한참이 지나서야 나는 그런 태도야말로 정말로 불교적인 것임을 깨닫게 되었다.

불교는 해탈을 목표로 한다. 해탈解脫이란 글자 그대로 풀이하면 '풀어내고 벗음'이다. 불교에서는 모든 고통이 집착에서 생긴다고 본다. 욕망에 대한 집착, 삶에 대한 집착 때문에 우리는 세상을 있는 그대로 바라보지 못하고 괴로워하며 살아간다는 것이다. 집착을 벗어버리면 우리가 살고 있는 이 세상이 곧 극락이다. 깨달은 자란 자유를 얻은 자인 것이다.

해탈, 즉 완전한 자유를 목표로 하는 사람이 무언가에 집착한다면 그야말로 어불성설일 것이다. 그래서 선불교에서는 "조사(선불교의 큰 스승)를 만나면 조사를 죽이고, 부처를 만나면 부처를 죽여라"라고까지 말한다. 경전을 불태운 고승도 있다. 진정한 자유는 스승이나 경전, 나아가 부처에 대한 집착마저도 벗어버리는 것이다.

이러한 측면에 대한 이해가 없다면 고승들의 고행은 그냥 미친 짓으로 보일 뿐이다. 선불교의 조사는 오직 이전의 조사만이 정할 수 있다. 진정한 깨달음의 경지는 깨달은 자만이 알아볼 수 있기 때문이다. 고승 한 명이 제자들의 깨달음을 시험하던 중, 한 제자가 갑자기 스승의 따귀를 때렸다. 그러자 스승은 제자의 깨달음을 인정했다. 그야말로 스승의 가르침뿐 아니라 스승 자체에도 집착하지 않음을 증명해 보였기 때문이다.

또 한 고승은 버럭 소리를 지르는 것으로 유명했다. 그는 스승에게 버럭 소리를 질러 깨달음을 인정받은 것이다. 그것을 지켜본 다른 제자가 스승에게 더 크게 소리를 지르자, 스승은 "어디 스승에게 소리를 질러?" 하고 꾸짖으면서 그 제자를 마구 때렸다. 두 번째 소리를 지른 사람은 첫 번째와는 다르다. 그는 이미 소리를 지르는 데 집착하고 있는 것이다.

어떤 사람이 선불교의 고승 한 분을 모시고 기생이 나오는 집에서 손님과 만남을 가진 적이 있었다. 그런데 그 고승은 놀랍게도 옆자리에 앉은 기생의 몸을 더듬을 뿐만 아니라, 심지어 치마 속에 손을 집어넣기까지 했다. 동행한 사람은 몹시 놀랍고 무안했지만 차마 그 자리에서는 아무 말 못 하다가, 자리를 파하고 집에 가는 길에 고승에게 그래도 되는 것인지 물었다. 그러자 그 고승은 "자네는 그 처자를 여기까지 업고 왔구먼. 나는 술집에 내려놓고 왔다네"라고 대답했다.

과거 한 벤처기업의 사장이 사원들의 자율성과 창의력을 고양하기 위해 정장에서 자유 복장으로의 전환을 지시했다. 그런데 자유 복장제가 시행되던 첫날, 한 사원이 정장 차림으로 출근하자 사장은 그 사원을 몹시 나무랐다고 한다. 그 사장의 태도는 어떠한가? 사장은 '자유 복장'이라는 말을 올바로 이해하고 있는 것일까? 정장은 자유 복장에 속하지 않는다는 말인가? 그는 정장을 입어서는 안 된다는 생각에 사로잡혀 있었던 것이다.

진정한 깨달음과 자유의 경지인 해탈을 추구하는 수행자가 무언가에 대해 "반드시 …해야만 해"라거나 "절대로 …해서는 안 돼"라는 태도를 견지한다면, 그것을 진정한 자유의 경지라 할 수는 없을 것이다. 공자 또한 "나는 절대적으로 해야 한다거나 절대적으로 해서는 안 된다고 고집하는 것이 없다"라고 말했으니, 성인들의 경지는 일맥상통하는가보다. 삼겹살에 소주 두 병을 시킨 승려에게 내가 진정으로 불교적인 정신을 느낀 것은 바로 그 때문이다.

사실 부처의 죽음과 관련해서 강력한 설 중 하나는 그가 상한 돼지고기를 먹고 배탈이 나서 죽었다는 것이다. 교리에 집착하는 불교도들이라면 절대 그럴 리가 없다고 화를 내겠지만, 정황상 그 가설의 설득력은 매우 강력하다. 최소한 초기 불교 수행자 집단에서 육식을 금했을 가능성은 전무하다. 불교 수행자들은 수행에 전념하기 위해 탁발을 했다. 사람들에게 얻어먹는 대신, 자신이 수행을 통해 쌓은 덕을 나누어주었던 것이다. 그런 탁발 수행자가 "고기는 좀 빼고 주세요"라고 말할 수는 없었을 것이다. 부처의 수제자 중 한 명은 가난한 노파에게서 하수도 물을 얻어먹기도 했다. 부처가 상한 돼지고기를 먹었다고 해도 전혀 이상할 일이 아닌 것이다.

아니, 부처는 아마도 그런 것에 구애받지 않았으리라. 그런 소소한 것에 구애받는다면 진정한 해탈의 경지에 도달하지 못한 것이기 때문이다. 진정한 자유란 아무것에도 구애받거나 집착하지 않는 것이다. 심지어는 자유 그 자체에도 집착해서는 안 된다. 예전에 어떤 선생님께서는 "진정한 도사란 산이 아니라 사람들 틈에 산다"고 말씀하셨다. 옆에 있어도 그가 도사인지 모를 정도로 자연스러워야 진정한 도사인 것이다. 산을 고집하거나, 상황에 자연스럽게 동화되지 못하고 도드라지는 사람은 진정한 자유를 얻지 못한 것이다. 나는 그 깨달음을 삼겹살 먹는 승려에게서 얻었다.

맹자는 바보인가,
천재인가

당신이 카페에서 연인과 식사를 하고 있다. 달콤한 대화와 맛있는 음식에 기분은 최고다. 그런데 갑자기 "끼익, 퍽" 하는 소리가 들려 돌아보니 보행자가 차에 치이는 교통사고가 나 있었다. 다리가 부러져 허연 뼈가 튀어나오고, 혈관이 끊어져 피가 용솟음친다. 당신은 어떤 표정을 지을 것인가? 당신 연인의 표정은 당신과 다를까? 사건을 목격한 후에 전과 다름없이 즐거운 식사와 대화를 이어갈 수 있을까?

　당신은 당연히 인상을 찌푸릴 것이고, 어쩌면 경악하여 소리를 지를 지도 모른다. 당신의 연인도 이와 크게 다르지 않을 것이며, 그날의 즐거운 데이트는 더 이상 이어지지 못할 것이다. 이것은 비단 당신들만의 일이 아니다. 인간이라면 누구나 그러한 장면을 목격할 때 그와 유사한 반응을 보일 것이다. 심지어 흉악범들조차도 예외는 아닐 것이다.

반면 「동물의 왕국」과 같은 프로그램의 한 장면을 떠올려보라. 사자 한 마리가 풀을 뜯고 있는 영양 떼를 덮치려 한다. 살금살금 접근하여 가장 어리고 연약한 놈을 덮친다. 나머지 영양들은 혼비백산하여 도망친다. 사자는 아기 영양의 목을 물어뜯어 숨을 끊고는, 배를 뜯어 내장부터 포식하기 시작한다. 피가 쏟아지고 창자가 터져나온다. 이때 나머지 영양들은 어떤 반응을 보일까? 당신과 당신의 애인처럼 인상을 쓰며 애처롭게 그 장면을 바라볼 것인가, 아니면 다시 이전과 같이 태연하게 풀을 뜯을 것인가? 새끼 영양의 엄마를 제외한 다른 영양들은 아무 일 없었다는 듯이 다시 식사를 즐길 것이다.

이러한 차이는 왜 생기는 것일까? 나는 왜 뜬금없이 이런 끔찍한 이야기를 해야만 했을까? 여러분이 중고등학교 윤리 시간에나 들어본 맹자의 성선설에 대해 설명하기 위해서다. 인간의 본성에 대한 이론은 어떤 사회를 만들어갈지에 대해 논의할 때면 결코 빠뜨릴 수 없는 내용이기 때문이다.

맹자의 성선설에 대해서는 숱한 오해가 존재한다. '인간의 본성은 선하다' '인간에게는 인의예지라는 네 가지 덕이 있기 때문에 모든 사람은 특별한 노력 없이도 성인의 경지에 이를 수 있다'와 같은 말들이 바로 그것이다. 윤리 시간에 수박 겉핥기식으로 배운 사람들뿐 아니라 동양철학 전공자들까지도 이러한 오해에 빠져 있는 경우가 많다. 그 오해가 사실이라면 맹자는 제정신이 아닌 사람이다. 그 이유는 주변을 한번 둘러보기만 해도 쉽게 알 수 있다. 세상에는 얼마나 많은 갈등과 다툼, 시기, 전쟁이 벌어지는가? 게다가 맹자의 시대에는 그 정도가 현대보다 백배는 심했다.

오히려 순자의 주장이 좀더 현실에 부합해 보이는데 그의 주장은 다음과 같다. 인간의 마음속에 타인에 대한 배려와 같은 도덕적 감정 따위는 존재하지 않는다. 인간은 물욕과 시기심, 경쟁심, 명예욕 따위로 가득 찬 존재이기 때문에 그들을 그냥 놔두면 사회가 혼란에 빠질 것은 불 보듯 뻔하다. 질서 있고 평화로운 사회를 만들기 위해서는 교육이 필요하다. 악한 본성을 인위적으로라도 선한 방향으로 인도해야 한다. 그러려면 어린 시절부터 성현들의 말씀을 가르쳐야 한다. 그것을 올바로 학습하지 않거나 실천에 옮기지 않는다면 체벌도 마다하지 않는다. 그들이 스스로 올바른 행동을 할 것이라고 기대하지 말고, 언제나 의심과 감시의 눈길을 늦추어서는 안 된다. 이러한 교육이 있었음에도 범죄를 저지른다면 강력하게 처벌해야 한다. 그것을 본 사람들이 절대로 죄를 짓지 말아야겠다는 다짐을 하게 될 정도로 말이다.

우리나라의 사회와 교육 체계는 바로 이러한 생각에 기초해 있다. 학생들에게 교복과 두발의 자유를 주면 통제가 되지 않기 때문에 잠재적 문제아를 만들 수 있다. 그런 까닭에 올바른 교육을 위한 적정한 규제와 체벌이 요구된다. 또한 모든 사회 구성원은 잠재적으로 범죄 가능성을 가지고 있으므로 엄중한 감시와 강력한 처벌이 필수적인 것이다.

몇 년 전 진보 교육감의 등장과 함께 논란이 된 바 있는 '학생인권조례'는 인간에 대한 근본적으로 다른 이해에 기반하고 있다. 인성론에 대한 패러다임의 전환을 시도하는 것이다. 학생 체벌을 없애고 자율성을 보장하더라도 바람직한 교육은 충분히 가능하다는 것이다. 한편 보수적인 사람들의 눈으로 보면 그야말로 발칙한 발상이 아닐 수 없다. 어떻게 그런 주장을 할 수 있단 말인가?

맹자는 인간과 짐승의 싱크로율이 99.9퍼센트이지만 인간에게는 짐승에게서 발견할 수 없는 측면이 있다고 말한다. 그것은 타인과 공감할 수 있는 능력이다. 그러나 이는 0.1퍼센트의 극소량으로, "도덕의 싹(혹은 불씨)"이라고 부를 만한 것에 불과하다. 그 싹은 부지불식간에 예상외의 경험을 통해서 발견된다. 그것은 스스로에게도 "나에게 이런 측면이 있었다니!"라고 읊조리게 할 만큼 놀라운 경험이다. 그리고 그것은 타인과의 일체감을 통해 스스로의 존재감을 확인하게 해주는 경험이다. 타인의 슬픔에 공감하여, 그들을 어려움에서 구해주려는 생각을 한다는 것, 그것은 자신이 짐승에게는 없는 0.1퍼센트의 측면을 가진 인간임을 실감나게 해주는 경험인 것이다.

하지만 그것은 작은 단초에 불과하다. 불씨가 꺼지거나 싹이 시들지 않도록 세심하게 배려해야만 한다. 그렇다고 억지로 불을 지피려고 바람을 세게 일으키거나, 싹에 물을 지나치게 많이 준다면 역효과가 날 수밖에 없다. 이것이 바로 교육의 어려움이다. 무관심해서도 안 되지만, 억지로 뭔가를 주입시키려다가는 역효과가 나기 마련인 것이다.

한국의 부모와 선생님들은 학생들의 호기심과 관심의 싹을 자르는 데 선수다. 어릴 때 전집을 몇 질씩 사주고 억지로 읽혀 독서라면 진저리치게 만들고, 한참 뛰어놀아야 할 중고등학교 시절에 새벽부터 밤까지 교실에 잡아두고 주입식 교육을 시킴으로써 공부 자체에 흥미를 잃게 만든다. 이러한 이유로 대학에 진학한 학생들은 쉽사리 유흥에 빠져든다.

내 경우가 절대적 예시가 될 순 없겠지만, 하나의 경험 사례로서 제시해보고자 한다. 나는 우리 아이들에게 책을 거의 사주지 않는 아빠다. 그래서 아이들은 언제나 독서에 굶주려 있다. 그렇다고 내가 아이들에게 무관심한 것은 아니다. 오히려 훨씬 더 세심하게 주의를 기울인다. 아이가 책에서 얻은 지식을 활용할 때면, 커다란 놀라움을 표시한다. 아이는 지식 획득의 보상을 칭찬에서 얻게 되고, 또 다른 지식을 탐구할 동력을 얻는다. 그리고 몇 권 안되는 책을 여러 번 읽어 거의 외울 때쯤 되면, 아이가 행한 선행을 핑계 삼아(예를 들어 "오늘 엄마를 잘 도와주었으니" 따위) 선심 쓰듯 책을 한 권 더 사준다.

이는 비단 독서에만 국한되는 것이 아니다. 나는 아무것도 강요하지 않지만, 그러면서 더 세심하게 주의를 기울이려 노력한다. 아이가 스스로 그림놀이를 즐기다가 내게 자랑을 하면 "오, 정말 잘 그렸네. 너한테 이런 재주가 있었구나"라고 칭찬을 아끼지 않는다.

아이는 스스로 재주를 발견하고, 그것을 발전시킬 동력을 재충전하게 된다.

서구권에서 공부하다가 온 학생들이 가끔 이런 한탄을 한다. "선생님, 저는 그곳에서 언제나 칭찬받는 아이였어요. 사소한 일에도 선생님과 친구들은 칭찬을 아끼지 않았죠. 그런데 한국에 돌아오니 저는 바보였어요. 암기식 교육을 따라가지 못했거든요."

아이들을 바라볼 때, 혹은 후배 직원들을 바라볼 때 우리가 그들을 어떤 시각으로 볼 것인지, 그들을 어떻게 대할 것인지는 근본적으로 어떤 인간관을 전제하는가에 달려 있다. 앞서 말한 학생의 한탄에 공감이 간다면, 모든 부모와 상사들은 패러다임의 전환을 시도해볼 필요가 있다.

참고로, 순자의 인성론에서 어떻게 성현이 그렇게 될 수 있었는지는 영원히 풀지 못할 수수께끼다.

군자를 섬기는 것이
쉬운 까닭

———

29

중국 춘추전국시대의 일이다. 남방의 강국인 초나라 장왕이 전투에 승리하여, 문무백관을 초대해 성대한 연회를 베풀었다. 모두가 왁자지껄하게 놀던 중 갑자기 불이 꺼졌다. 그때 왕의 애첩이 비명을 지르며 말했다. "폐하, 누군가가 제 몸을 더듬으며 희롱했습니다. 하지만 제가 그 사람의 갓끈을 잡아 뜯었으니, 불을 켜고 갓끈이 없는 사람을 찾는다면 누가 그런 불경한 짓을 했는지 밝힐 수 있을 것입니다."

하지만 왕의 반응은 전혀 의외였다. "불을 켜지 마라. 이 자리는 임금과 신하가 격의 없이 즐기는 곳이다. 모두 갓끈을 떼고 즐기도록 하라"고 말한 것이다. 애첩을 희롱한 신하는 왕의 관대한 조치로 목숨을 구하게 되었다.

몇 년 후, 서방의 강대국인 진秦나라와의 전쟁에서 초나라가 대패하여 장왕은 목숨을 잃을 위기에 처했다. 그때 장웅이라는 장수가 죽기를 무릅쓰고 싸워 장왕을 구했을 뿐 아니라 전세를 역전시키는 계기를 마련했다. 이 전투에서의 승리로 초나라는 명실상부한 패자覇者의 지위를 차지하게 되었다. 전투가 끝난 후 장왕은 장웅을 불러 물었다. "내가 평소에 그대를 특별히 우대하지도 않았는데 어찌 나를 위해 목숨을 걸고 싸웠는가?" 그러자 장웅은 말했다. "저는 이미 3년 전에 죽은 목숨입니다. 연회에서 갓끈을 뜯긴 사람이 저였습니다. 그때 폐하의 온정으로 살아났으니, 목숨을 바쳐 그에 보답한 것은 당연한 일입니다."

갓끈을 끊은 연회라 하여 절영회絕纓會라 불리는 초나라 장왕의 이 일화는 아랫사람을 부리는 도리를 잘 보여준다. 그런 상황에서 보통 사람이라면 범인을 잡아 엄히 벌했을 것이다. 그러나 장왕은 넓은 도량으로 덕을 베풀어 신하의 잘못을 용서함으로써 그가 가진 재능을 십분 발휘할 기회를 준 것이다.

공자는 "군자는 섬기기는 쉽지만 기쁘게 하기는 어렵다. 정도에 맞는 행위가 아니라면 기뻐하지 않기 때문이다. 그러나 사람을 부림에 있어서는 도량에 맞추어준다. 소인은 섬기기는 어렵지만 기쁘게 하기는 쉽다. 정도를 통하지 않더라도 만족하기 때문이다. 그러나 사람을 부림에 있어서는 완벽하기를 원한다"고 말했다.

얼마 전 대기업 중간관리직에 있는 후배가 직장생활의 어려움을 토로한 바 있다. 술을 잘 마시지 못하는 자신으로서는 우리나라의 직장 문화에 적응하는 게 여간 어렵지 않다는 것이었다. 술자리에서 무릎 꿇고 충성을 맹세하는 듯한 행위를 해야 상사들의 신임을 얻는데, 맨정신으로는 도저히 그런 짓을 못 하겠다는 것이다.

도량이 작은 사람이 윗자리에 있으면, 그에게 아첨하는 것만으로도 환심을 사기 쉽다. 앞서 말한 바와 같이 아부를 하거나 뇌물을 주는 것과 같은 행위에도 소인배들은 기뻐하기 때문이다. 그러나 군자에게 그런 전략이 통할 리는 만무하다. 군자를 기쁘게 하는 방법은 한 가지뿐이다. 정도를 걷는 것이다. 자신에게 주어진 일은 책임감을 가지고 해내며, 어려움에 빠진 동료를 돕고, 강한 자에게 강직하게 대하며 약한 자에게는 관용을 베푼다면 군자의 만족을 얻어낼 것이다. 이런 이유로 소인을 기쁘게 하기는 쉽지만 군자를 기쁘게 하기는 어려운 것이다.

소인배는 윗사람에게는 매우 관대한 기준을 적용하지만, 아랫사람에게는 엄격한 잣대를 들이댄다. 윗사람이 실수를 하면 인간적이라고 포장하지만, 아랫사람이 실수하면 정신을 어디에다 두고 사느냐고 쥐 잡듯 하기 일쑤다. 아랫사람에게는 작은 실수도 용납하지 않고 완벽함을 요구한다. 그렇기 때문에 그를 섬긴다는 것은 어려울 수밖에 없다.

반면 군자는 아랫사람의 과오에 대해 관대하다. 항상 스스로를 되돌아보고 반성하기 때문이다. 그는 인간이란 신이 아니기에 과오를 범할 수밖에 없음을 안다. 성인으로 일컬어지는 공자조차도 인격적 완성의 기준을 "같은 과오를 두 번 범하지 않는 것"이라고 말한 바 있다. 군자는 인격적 완성을 위해 노력하는 존재이며, 그의 목표는 반성과 노력을 통해 과오를 줄여나가는 것이다.

스스로를 돌아보고 자신의 과오를 반성하는 사람은 타인에게 각박하려야 각박할 수가 없다. 특히 아랫사람에게는 더더욱 그러하다. 나이가 어리거나 경험이 일천한 사람일수록 실수를 범할 가능성은 더 높기 때문이다. 누구나 그렇게 실수를 저지르고 반성하는 과정을 통해 성장하기 마련이다. 그것을 자연스러운 과정으로 받아들이고, 그로 인해 주눅 들지 않고 잠재적인 재능을 발휘할 수 있도록 해주는 것이 윗사람의 바람직한 역할이다.

이런 이유로 군자를 섬기는 것은 매우 쉬운 일이다. 군자는 소인배와 달리 실수를 포용하고, 기회를 준다. 능력을 발휘할 여건을 마련해주고, 아랫사람이 실적을 올리면 그것을 인정하며 자신의 일처럼 기뻐해준다. 아니, 그것은 실제로 자신의 일이기도 하다. 위의 장왕의 일화처럼 그와 같은 상사가 없다면 그런 능력을 발휘할 기회를 얻을 수조차 없었을 것이기 때문이다. 이는 소인배가 아랫사람의 공적을 배 아파하고, 어떻게든 그것을 자신의 공적으로 돌리려 하는 것과는 정반대다.

공자는 "군자는 자신의 탓으로 돌리고, 소인은 남의 탓으로 돌린다"고 말했다. 훌륭한 상사는 자신이 맡은 집단의 일이 잘못되면 스스로를 책망하며 반성하지만, 소인배가 윗자리에 있을 때는 반대로 아랫사람들만을 탓하기 마련이다. 그러나 반대로 좋은 일이 생기면 훌륭한 상사는 구성원들의 공으로 돌리지만, 소인배는 자신의 공을 치사하기에 바쁘다.

삶을 지혜를 담고 있는 『채근담』이라는 책에서는 "남을 대할 때는 봄바람처럼 따뜻하게 하고, 스스로에 대해서는 가을 서리처럼 엄격하게 하라待人春風 持己秋霜"고 말한다. 아랫사람을 부리는 방법, 나아가 스스로를 도야해나가는 방법은 이 한마디에 압축되어 있다고 해도 과언이 아닐 것이다.

백이숙제와 굴원은
올바른 도리를 지킨 것인가

30

중국 은殷 왕조의 마지막 황제인 주紂는 폭군의 대명사다. 천하장사에 두뇌마저 우수했지만, 타고난 잔인한 성품으로 사람 죽이기를 밥 먹듯 했고 경국지색으로 알려진 달기妲己를 얻은 뒤부터 그의 잔인함은 도를 넘어섰다. 달기가 한 신하의 눈초리가 싫다고 말하자 그의 눈을 뽑으라고 명령했고 소풍을 가다가 만난 임산부의 뱃속을 궁금해하자 그녀를 잡아 배를 가르기도 했으며, 커다란 연못을 파 술로 채우고는 젊은 남녀를 벌거벗겨 그곳에 불러 모아 즐겼다. 또한 큰 구리 기둥을 가로로 세워놓고 기름을 바른 뒤 밑에서 불을 지펴 죄수들로 하여금 그곳을 건너면 살려준다고 말했다. 그러고는 그들이 죽어가는 모습을 재미삼아 구경하기도 했다. 이 두 사건은 각각 주지육림酒池肉林과 포락지형炮烙之刑이라는 사자성어의 기원이기도 하다.

천자의 무도함을 걱정하던 주周나라 무왕武王은 80세까지 때를 기다리며 낚싯바늘 없이 낚시질을 한 것으로 유명한 강태공을 재상으로 삼아 은나라 주왕을 정벌하고자 출정했다. 당시 고죽국이라는 조그마한 나라의 왕자이던 백이와 숙제는 어떤 경우에도 신하가 임금을 정벌할 수는 없다고 간언했으나, 무왕은 이를 받아들이지 않고 은나라를 정벌했고 새로이 천하를 통일하여 천자가 되었다. 이에 백이와 숙제는 하극상을 벌인 주나라의 녹봉을 받지 않겠다 하여 수양산에 들어가 고사리를 캐먹고 살았다. 그러던 중 어떤 사람이 찾아와 "고사리는 주나라의 것이 아닌가?"라고 말하자, 그것마저 먹지 않고 결국은 굶어 죽고 말았다.

이후 백이와 숙제는 충신의 대명사로 현재까지 칭송받고 있다. 그들의 곧은 절개와 의기는 역사 속에서 많은 지사의 모범이 되기도 했다. 과연 백이숙제처럼 자신이 옳다고 생각하는 일을 위해 목숨까지 거는 일은 쉽지 않다. 하지만 학자적인 견지에서 그들에 관한 이야기를 읽다보면 과연 그들이 칭송받을 만한 사람들인가 하는 의문이 든다. 당시의 상황은 딜레마였다. 도탄에 빠진 백성을 구하자면 하극상은 불가피하고, 하극상을 범하지 않으려면 백성을 방치할 수밖에 없는 상황이었던 것이다. 그런 처지에서 그들의 주장은 과연 타당한 것이었는가? 그들은 열린 마음으로 세상을 바라보지 못하고 자신의 심적 만족을 위해 목숨마저 버린 꽉 막힌 고집쟁이에 불과한 것이 아닌가? 「어부사漁父詞」라는 글에 등장하는 굴원과 어부의 대화는 이러한 질문에 대해 일반적인 평가와는 다른 생각을 보여준다.

(춘추전국 말기 남방의 강국인 초나라 회왕 때 귀족 출신 정치가인 굴원이라는 사람이 있었다. 당시 초나라에서는 왕족들이 주축이 된 보수파와 굴원과 같은 신하들이 주축이 된 개혁파의 갈등이 불거져 있었다. 굴원은 심혈을 기울여 정치와 외교 분야에서 회왕을 보좌했으나 회왕은 보수파와 개혁파 사이에서 중심을 잡지 못한 채 오락가락하다가, 결국 굴원의 충고를 듣지 않고 진나라의 속임수에 빠져 포로생활 끝에 사망했다. 이에 회왕의 맏아들이 즉위하자 보수파가 더욱 득세하게 되었다. 굴원에 대한 박해는 심해졌고, 결국 그는 강남으로 추방당하게 된다. 그는 상강湘江 일대를 배회하다가, 어부 한 사람을 만난다.)

어부는 굴원의 안색이 초췌하고 피골이 상접해 있음을 보고 "당신은 고귀한 벼슬에 있는 분이 아니십니까? 어쩌다가 이런 지경에 이르셨습니까?"라고 물었다.

굴원은 "세상이 모두 혼탁한데 나 혼자만이 맑고, 모든 사람이 술에 취해 있는데 나 혼자만이 술에 취하지 않았소. 그렇기 때문에 쫓겨난 것이오"라고 말했다.

그러자 어부는 "성인은 어디에도 집착하지 않고 세상의 변화를 따른다 하였습니다. 세상 사람들이 모두 혼탁한데 어찌 진흙탕에 뛰어들어 놀지 않으셨습니까? 모든 사람이 술에 취했다면 어찌 술이든 술찌끼든 가리지 않고 마시지 않으셨습니까? 무슨 까닭으로 깊이 생각하고 고상하게 행동해서 스스로 쫓겨나도록 하신 것입니까?"라고 물었다.

이에 굴원은 대답했다. "내 듣건대, 새로 머리를 감은 사람은 반드시 모자를 털어 쓰고, 새로 목욕을 한 사람은 반드시 옷을 털어 입는다 했소. 어찌 깨끗한 몸으로 더러운 상황에 영합할 수 있겠소? 차라리 상강 물에 뛰어들어 물고기 뱃속에 장사지낼지언정, 어찌 깨끗하디깨끗한 이 몸이 세속의 먼지를 뒤집어쓸 수 있겠소?"

이에 어부는 빙그레 웃고 노를 저어가면서 "창랑의 물이 맑으면 갓끈을 씻을 만하고, 창랑의 물이 탁하다 해도 발을 씻을 만하다네"라고 노래를 부르며, 다시는 굴원과 대화를 나누지 않았다.

'도道'란 길을 의미하며 "도를 지킨다"는 말은 인간답게 사는 것을 뜻한다. 인간답게 살려면 인간이 가야 할 길을 걸어야 한다는 이야기다. '리理'라는 말의 원래 의미는 옥의 결을 의미한다. 나무를 잘 다듬기 위해서는 나무의 결에 따라야 하듯이, 옥을 잘 다듬어 상등품으로 만들기 위해서는 옥돌의 결에 따라야만 하는 것이다.

이런 의미에서 본다면 도리道理를 지키는 것은 참으로 아름답고 훌륭한 일이다. 그러나 도리를 지키는 것 못지않게 중요한 일은 도리가 무엇인가를 아는 것이다. 공자는 "아침에 도를 들으면 저녁에 죽어도 좋다"고 말했다. 자신이 지켜야 할 도리가 무엇인지 알기란 그만큼 쉽지 않다는 말이다.

그렇다면 위의 두 고사에서 나온 백이숙제와 굴원은 올바른 도리를 지킨 것인가? 만약 그렇다면 그 반대편에 선 사람들은 자연히 도리를 어긴 것이 된다. 그러나 하극상을 무릅쓰고라도 새 시대를 열려던 무왕이나, 굴원의 개혁책에 반대한 보수파들이 도리를 어긴 인간만도 못한 사람들이라고 말하기는 쉽지 않다. 그들도 자신들이 옳다고 생각하는 도리를 지킨 것뿐이다.

장자는 "길이란 사람들이 다니면 생겨나는 것이다"라고 말했다. 정해진 길이 있어서 반드시 그리로 다녀야만 하는 것이 아니라, 잡초가 무성한 곳이라도 사람들이 다니다보면 길이 생긴다는 것이다. 길, 즉 도리는 절대적으로 정해진 것이 아니라는 말이다.

이러한 관점에서 보면 백이숙제와 굴원은 자신에게 익숙한 길만 고집한 사람들에 불과하다. 그리고 어부가 말한바 원칙을 지키는 것보다 더 고차원적인 삶이란 특정한 상황이나 규범에 얽매이지 않고, 세태의 변화에 따라 유연하게 대처하는 것일 수도 있다. 세상 사람들이 모두 취해 있다면 나 역시 취할 때까지 마시고, 내 앞에 놓인 물이 맑든 탁하든 그에 따라 적절한 태도를 취하는 것이 우리가 쉽게 생각하지 못하는 세상을 살아가는 또 하나의 방식인 것이다.

자살, 그리고
인간과 동물

31

유방과 더불어 진나라의 폭정을 종결시킨 초나라의 명장 항우는 오추라는 명마를 타고 다녔다. 전해오는 이야기에 따르면 오추는 원래 용이었다고 한다. 항우가 어느 마을을 지날 때 마을 사람들이 항우에게 사나운 말 한 마리를 잡아줄 것을 요청했다. 커다란 호수에 살던 용이 어느 날 까만 말로 변해서는 농작물을 닥치는 대로 훼손할 뿐 아니라, 그것을 저지하려는 사람들마저도 상하게 한다는 것이었다. 얘기를 들은 항우는 "잘 되었소. 내 그러잖아도 타고 다니는 말이 부실하여 걱정하던 차였소"라고 말하며, 그 말을 제압하러 갔다. 항우는 저항하는 오추에 올라탔고, 오추는 항우를 떨어뜨리기 위해 하루 종일 용을 썼지만 결국 실패한 채 항우에게 굴복하고 만다. 항우는 그 말을 타고 무수한 전장에서 역발산기개세의 기운으로 패배를 모르는 용맹을 떨쳤다. 하지만 싸움은 힘만으로 되는 것이 아니다. 유방의 참모이자 천재 지략가인 장량과 한신의 계략에 걸린 항우는 얼마 남지 않은 부하들과 자신의 애마 오추를 억지로 배에 태워 고향 땅으로 돌려보내고 스스로 목숨을 끊는다. 그 모습을 본 오추는 배 위에서 크게 울부짖고는 강물로 뛰어들었다.

사실과 허구가 적절히 섞인 이 이야기에서 이번 주제와 관련하여 주목할 만한 점은 말이 자살을 했다는 사실이다. 이 사실에 주목하는 이유는 자살이라는 것이 인간과 동물을 구분하는 상징 가운데 하나이기 때문이다.

흔히 인간과 동물의 차이는 이성의 존재 여부라고 한다. 이성의 반대 개념은 본능이다. 오직 본능에 따라서만 행동하며 살아가는 동물과는 달리, 인간은 이성적 판단을 한다는 것이다. 이성적으로 판단하고 행동한다는 것은 결국 본능을 넘어서는 행동이 가능함을 의미하는 것이다. 성경에 따르면 신은 만물을 창조한 후 여섯째 날 자신의 형상에 따라 흙으로 인간을 만들었다. 그리고 그에게 숨을 불어넣었다. 이 숨이 바로 영혼이자 이성이 된 것이다.

지구상에 존재하는 것들 중에 영혼과 이성을 가진 존재는 오직 인간뿐이다. 인간은 다른 존재의 특징과 신의 특징을 동시에 가진 것이다. 인간의 육체가 가진 속성은 동물 및 무생물의 그것과 다를 바 없다. 관성의 법칙을 거슬러 자신의 몸이 공중에 떠 있기를 원한다고 해도 물리 법칙의 지배를 받기 때문에 그것이 뜻대로 되지 않는다. 반면 우리의 정신은 그러한 모든 제약으로부터 자유롭다. 오직 인간만이 이성과 자유의지를 가지고 있으며, 그것을 통해 본능을 넘어서는 행동을 할 수 있는 것이다.

물론 모두가 그러하다는 말은 아니다. 다만 인간이라면 누구라도 그렇게 행동할 능력을 가지고 있다는 뜻이다. 맹자는 "인간과 동물의 차이는 지극히 미미하다"고 말했으며 그 미미한 차이야말로 인간의 본성이라고 할 수 있는 것이다. 그것을 올바로 발휘할 수 있다면 인간다운 인간이 되는 것이요, 그렇게 하지 못하면 짐승과 다를 바 없는 것이다. 인간이 짐승과 다를 바 없게 되는 것은 스스로 인간다워지기를 포기했기 때문이다. 자포자기란 말은 바로 여기서 나온 것이다.

유전학상으로 인간과 유인원의 차이는 1퍼센트에 지나지 않는다고 한다. 하지만 중요한 것은 99퍼센트의 공통점이 아니라 바로 그 1퍼센트의 차이점이다. 그것을 가지고 있는가, 아니 그것을 발휘할 수 있는가의 여부에 따라 인간이 되기도 하고 짐승만도 못하게 되기도 하는 것이다. 우리는 그것을 이성, 양심, 도덕성, 자유의지, 선의지 등으로 다양하게 부른다.

이런 면에서 본다면 동물은 기계와 다를 바 없다. 기계는 함수 관계에 의해 움직인다. 커피 자판기에 동전을 넣고 밀크커피를 누르면 밀크커피가 나오듯이 배고픈 동물에게 먹을 것을 주면 반드시 먹는다. 위험과 같은 다른 변수가 개입하지 않는 한 말이다. 배고픈 고양이는 주인이 없는 생선 가게를 발견하면 양껏 포식한다. 발정기가 된 개는 자신보다 힘이 약한 암컷을 만나면 힘으로라도 제압하여 짝짓기를 한다.

이와는 달리 인간은 도덕적 가치판단을 통해 본능을 넘어서는 행동을 한다. 독립운동가들은 아무리 커다란 육체적 고통을 당해도 이를 악물고 참는다. 또한 최소한의 도덕성을 가진 사람이라면 배가 고프다고 해서 주인 없는 빵 가게에 들어가 빵을 훔치지 않으며 성욕을 느낀다고 해서 길을 지나는 이성을 겁탈하지 않는다. 반면 동물들에게는 양심이나 이성적 판단을 기대할 수 없다. 발로 찼는데 꾹 참고 "깨갱" 소리를 내지 않는다거나, 스테이크에 침을 뱉었다고 먹지 않는 개는 없다는 것이다.

다시 맹자의 말을 빌리자면, 인간이 본능적으로 원하는 것 중에 생명 보존만큼 중요한 것은 없다. 그럼에도 인간은 생명을 포기하는 경우가 있다. 본능을 넘어 이성적으로 바람직하다고 생각할 때 그러하다. 반면 동물은 다르다. 대의명분이나 도덕적 가치를 위해 생명은커녕 그보다 훨씬 작은 욕구조차 포기하는 동물이란 있을 수 없는 것이다.

결국 스스로 생명을 마감하는 행위인 자살은 도덕적 가치와 생명 보존의 본능 중 선택을 해야 할 때 인간만의 이성적 가치판단 능력, 다시 말해서 욕구나 충동으로 대표되는 본능을 억제하고 도덕적으로 행동하는 능력을 가장 잘 보여주는 대표적인 사례다. 그렇다면 항우의 명마 오추가 자살한 것은 역사적 사실일까 아니면 허구일까? 혹은 「동물의 왕국」과 같은 프로그램에서 동물이 자살을 한다고 소개하는 사례는 진정으로 자살에 해당되는 것일까?

몇몇 학자는 일부 동물이 인간과 마찬가지로 언어생활을 하고 도구를 이용하는 등 문화를 향유한다고 주장하기도 한다. 그러나 비버가 댐을 쌓는다고 해서 비버가 문화적이라고 할 수 없는 것은 그 방식이 100년 혹은 1000년 전이나 지금이나 다를 바 없기 때문이다. 본능을 넘어서는 인간의 활동은 언어생활과 불가분의 관계에 있다. logos라는 말이 언어와 이성, 그리고 논리라는 세 개념의 어원임은 많은 것을 시사한다.

인간의 이성을 상징하는 언어생활의 특징은 축적과 그것을 통한 발전이라는 데 있다. 언어와 문자의 발달을 통해 인간은 끊임없이 발전해왔으며, 그것은 본능과 충동에 대한 극복 가능성이 더욱 커짐을 의미한다. 동물들이 설사 기초적인 언어생활이나 도구 사용을 한다 해도 이러한 발전과 변화의 과정이 없다면, 비버의 댐 쌓기처럼 그것은 결국 본능의 영역에서 벗어나지 못함을 의미한다. 자살을 한다고 여겨지는 동물의 행동도 이와 다르지 않을 것이다. 긍정적인 단어는 아니지만, 자살이란 인간과 동물의 차이를 가장 잘 보여주는 상징적인 개념인 것이다.

방목의
미학

32

우리가 흔히 사용하는 말 가운데 '조장助長'이라는 것이 있다. "두 사람 사이의 갈등을 조장하지 마라"와 같은 용례에서 보듯 누구나 자주 사용하는 말 가운데 하나다. 이처럼 매우 일상적인 용어이지만, 그 어원은 심오하다. 그 이야기는 『맹자』에 등장한다.

송나라의 한 농부가 어느 날 집에 돌아와서는 "아, 피곤하다. 오늘은 일을 너무 많이 했다"고 말하면서 쓰러져 누웠다. 아들이 "무슨 일을 그렇게 많이 하셨어요?"라고 묻자, 아버지는 "글쎄 논에 모가 잘 안 자라는 거야. 그래서 내가 자라는 것을 도와주려고 모마다 조금씩 뽑아주고 왔지"라고 말했다. 아들이 깜짝 놀라 달려가 보니 모는 모두 말라죽어 있었다.

'자라는 것을 돕다'라는 뜻의 이 말은 본래 인위적으로 무언가를 촉진하고자 하여 일을 망치는 것을 의미한다. 맹자는 "잊어버리고 방치해서도 안 되지만, 인위적으로 자라는 것을 돕고자 해서도 안 된다"고 말했다. 맹자가 본래 의도한 대상은 사단四端, 즉 인간의 마음속에 존재하는 선한 싹이지만, 위의 비유에서 알 수 있듯이 그것은 농작물, 나아가 가축을 기르는 데에도 적용된다.

당송팔대가의 한 사람인 유종원은 『종수곽탁타전種樹郭橐駝傳』에서 이를 좀더 자세히 설명하고 있다.

꼽추인 사람이 낙타라는 뜻의 '탁타'라는 별명을 갖게 되었는데, 그는 그 별명이 자신에게 잘 들어맞는다 생각하여 본명을 버리고 별명을 이름으로 삼아버렸다. 심지어 사람들이 그의 본명이 무엇인지조차 모를 정도였다. 그의 직업은 나무를 관리하는 것이었는데, 기술이 뛰어나 관상수를 돌보려는 권력자나 부자들이 앞 다투어 그를 초빙할 정도였다. 동종 직업에 종사하는 사람들이 몰래 엿보고 흉내를 내도 좀처럼 그와 같을 수 없었다. 그래서 사람들이 무슨 비법으로 그렇게 하는지 묻자, 탁타는 대답했다.

"내게 나무를 오래 살게 하거나 열매가 많이 열리게 할 능력이 있는 것은 아니다. 나무의 천성에 따라 그 본성이 잘 발휘되게 할 뿐이다. 일단 정성스레 심고 난 후에는 내버려두고 지나치게 염려해서는 안 된다. 심기는 자식처럼 하고 두기는 버린 듯이 해야 하는 것이다. 그렇게 해야 나무의 천성이 온전해지고 그 본성을 얻게 되는 것이다.

나무를 관리하는 다른 사람들은 그렇지 않다. 사랑이 지나치고 근심이 심해, 아침에 와서 보고 저녁에 와서 또 만지는가 하면 갔다가는 되돌아와서 다시 살핀다. 심한 사람은 손톱으로 껍질을 찍어보고 살았는지 죽었는지를 조사하는가 하면 뿌리를 흔들어보고 잘 다져졌는지 아닌지 알아본다. 이렇게 하는 사이에 나무는 차츰 본성을 잃어간다. 비록 사랑해서 하는 일이지만 그 것은 나무를 해치는 것이며, 비록 나무를 염려해서 하는 일이지만 그것은 나무를 원수로 대하는 것이다. 나는 그렇게 하지 않을 뿐이다. 달리 내가 무엇을 할 수 있겠는가?"

중요한 것은 언제나 주의를 기울여 살피되, 억지로 성장을 촉진하려 해서는 안 되고, 스스로 천성이 발현되도록 해야 한다는 사실이다. 이 두 가지의 균형을 잡으려면 섬세한 관심과 노력이 필요하다.

맹자가 든 모의 비유를 가지고 생각해보자. 아예 관심을 갖지 않는다면 잡초가 우거져 모는 제대로 자라나지 못할 것이다. 하지만 조급증을 보인다면 무관심보다 더 큰 해악을 낳게 된다. 맹자의 비유와 같이 상황 자체를 아예 망칠 수도 있는 것이다.

식물이나 동물도 그러한데 아이를 키우는 일은 당연히 이보다 더 섬세한 노력과 주의가 요구되는 것이다. 하지만 많은 사람이 아이들에게 무관심한 것이 문제임은 쉽게 인지하면서 과한 관심이 더 큰 문제일 수 있음에 대해서는 둔감한 경향이 있다.

아이들에게는 성장과 발달의 단계가 있고, 단계와 시기에 따라 필요로 하는 것이 다를 수밖에 없다. 아이가 빨리 튼튼하게 자라기를 원한다고 해서 이유식을 먹어야 할 시기에 갈비찜을 먹인다면 아이에게 탈이 날 수밖에 없다.

자연 친화적으로 뛰놀면서 건강한 신체와 정신을 함양하고, 친구들과 어울리면서 사회성을 익혀야 하는 시기가 있으며 점차 지적인 측면에 비중을 높여야 할 시기가 있다. 아이가 어느 단계에 있는지 섬세하게 관찰하고 그때그때 필요한 것들을 채워주는 노력을 망각하는 것도 문제이지만, 뛰놀아야 할 시기에 과도한 지적인 훈련을 시킨다면 균형 있는 성장이 이루어질 리 없다.

지인 가운데 한 사람은 자신의 아이에게 책과 예술을 생활화해주기 위해 3~4세부터 매주 한 번씩 도서관과 미술관에 데리고 갔다고 한다. 그 결과는 어떻게 됐을까? 그 아이가 가장 싫어하는 곳은 도서관과 미술관이라고 한다. 요즘 부모들은 으레 어릴 때부터 아이들에게 전집을 사주곤 하는데, 그 아이들 역시 비슷한 결과를 보이는 경우가 많다.

유치원 때부터 미국 아이들조차 알지 못하는 단어를 외우게 하고, 잠자는 시간을 빼고는 학원을 보내거나 방문 학습을 시키며 어른보다 더 바쁜 스케줄을 강요하는 부모들은 스스로를 되돌아봐야 할 것이다. 새싹이 빨리 자라기를 바란 나머지 오히려 그것을 조금씩 뽑아내고 있는 것은 아닌지 말이다.

나는 집사람에게 언제나 방목의 중요성을 강조한다. 하지만 동시에 방목과 방치는 전혀 다른 것임을 끊임없이 경계한다. 어른의 욕심을 아이들에게 투영시켜서도 안 되지만, 아이들에 대해 섬세한 관심을 가지고 지켜봐야 하는 것 또한 잊어서는 안 된다.

나는 아이들에게 책을 거의 사주지 않는다. 아이가 책을 읽어달라고 하면 "아빠는 책을 좋아하지 않는다"거나 "아빠는 공부하는 것을 좋아하지 않는다"고 말하곤 한다. 아이는 애가 닳아서 책을 거의 외우다시피 한다. 그러면 나는 못 이기는 척 필요해 보이는 책을 한두 권 더 사서 놓아두곤 한다. 이런 식의 교육 덕에 아이들은 책을 매우 좋아하고, 토요일이면 엄마에게 도서관에 가자고 조르기도 한다.

학교도 마찬가지다. 아침에 일어나기 싫어하면 억지로 깨우지 않는다. 심지어는 결석을 마다하지 않고 푹 재운 적도 있다. 아이들은 학교에 가지 못한 것에 대해 엄마 아빠를 탓하며, 다음부터는 그런 일이 없도록 알아서 조심한다.

건강에 좋은 음식도 억지로 먹이지 않는다. 오히려 집사람과 짜고는 아이들이 비싼 것을 안 먹어서 다행이라는 식의 대화를 듣도록 꾸민다. 그러면 아이들은 심통이 나서 먹곤 한다.

'금지된 장난' 심리라는 것이 있다. 못 하게 하면 아이들은 더 하고 싶어하는 법이다. 나는 아이들 교육에 그러한 심리를 십분 활용한다. 하지만 그런 작전을 펴기 위해서는 섬세한 관심과 노력이 뒤 따라야 한다. 그리고 그러한 작전에도 불구하고 아이들이 의도와 달리 그것을 원치 않는다면? 적절한 때를 기다리고, 더 좋은 작전을 구상한다. 아이들이 그것을 원할 수 있도록 말이다.

끝으로 한 가지 더. 우리 아이들은 원하는 장난감이나 책 등이 있으면 스스로 돈을 벌어서 산다. 나는 아이들이 몸을 자유롭게 사용할 수 있도록 해주는 것이 부모로서 줄 수 있는 최선의 선물이라 여겨, 고난도 스트레칭 자세를 몇 가지 선정해주고, 매일 일정 시간 이상 그것을 해내면 몇백 원씩 저금통에 넣어주곤 한다.

시간이 갈수록 아이들은 유연해지고, 점점 더 어려운 동작을 쉽게 해내는 성취감과 스스로의 노력으로 용돈을 모아 원하는 것을 사는 즐거움을 동시에 느낀다. 그런데 매일 그런 시간을 갖는 것도 쉽지 않을 뿐 아니라, 아이들에게 어느 정도 난이도의 운동이 필요한지 관찰하는 것 또한 세심한 관심을 요하는 일이 아닐 수 없다.

전집을 사주거나 영어 유치원, 학원에 보내는 것으로 아이들의 교육을 해결하려는 부모들은 스스로를 되돌아봐야 할 것이다. 혹시 아이들에게 그 정도의 관심과 노력을 투자할 의지가 부족해서 돈으로 위안을 삼는 것은 아닌지 말이다.

우리 사회는 감별사를 필요로 한다

33

우리 부부와 알고 지내는 많은 여자는 내 아내를 부러워하곤 한다. 그리고 실제로 그럴 만도 하다. 인터넷상에서 아내의 닉네임은 '팔자죠은 ~여사'인데, 우리의 사는 이야기를 들은 많은 사람이 잘 어울리는 별명이라고 한다.

결혼한 지 10년이 됐지만, 아내는 우리 집 통장 잔고가 얼마인지 알지 못한다. 혼자 장을 본 적도 없다. 언제나 내가 퇴근 후에 귀가하며 장을 보기 때문이다. 이제 9세, 7세인 두 아이의 목욕도 언제나 내가 시킨다. 아이들은 먹고 싶은 것이 있으면 목록을 적어 아빠에게 보여준다. "제일 먼저 먹고 싶은 음식은 아빠표 볶음밥이구요, 그다음에는 불고기, 그다음에는 탕수육 그리고 매운 콩나물 무침과 꿀 오뎅이에요. 엄마가 해주는 것은 맛이 없어요"라고 말이다. 집사람도 가끔 "저 오늘 라볶이 먹고 싶어요"라거나 "막국수 해주세요"라고 거들곤 한다.

아내는 아침잠이 많은 데다가 아이들을 가졌을 때 입덧을 심하게 해서 몇 년 동안은 거의 모든 음식을 내가 했다. 덕분에 요리에 대한 소질을 발견할 수 있었다. 심지어는 김치나 깍두기도 내가 담그는 것이 제일 맛있다는 데 장모님도 동의한다. 장인, 장모님이 가장 맛있게 드시는 음식도 바로 사위가 해주는 것이다.

육아와 교육 계획을 세우는 것도 아빠의 몫이고, 아이들의 행복을 위해 촌구석의 작은 학교와 유치원을 찾는 것도, 아이들을 매일 등하교시키는 것도 아빠의 몫이다. 아내는 아이들과 자신이 입을 옷을 살 때, 심지어는 아이들 내복이나 속옷을 살 때에도 내게 결정을 맡기곤 한다. 그래야 후회하지 않게 된다는 것이다.

나는 내가 처음 쓴 교양서의 서문에 "앞으로 내가 무엇을 이루든 그 반은 아내의 몫이다"라고 적은 적이 있다. 어쩌면 아내는 이것이 자기를 기분 좋게 해줄 목적으로 쓴 입에 발린 말이라고 생각할지 모른다. 누가 보더라도 나는 슈퍼맨 아빠 같고, 아내는 팔자 좋은 마님 같기 때문이다. 하지만 내가 서문에 적은 말은 진심이며, 날이 갈수록 그 사실을 더욱 뼈저리게 느낀다. 그 이유를 설명하기 위해 중국의 고사를 잠시 인용해보겠다.

전국시대 위나라에 악양이라는 사람이 있었다. 그는 큰 인물이 되기 위해 늦은 나이에도 공부를 계속했다. 아내는 베를 짜서 살림을 책임졌고, 악양은 노나라로 유학을 떠난다. 타지 생활의 고난을 견디지 못한 악양이 1년 만에 집으로 돌아왔으나, 아내는 자신이 짜던 완성 직전의 베를 단칼에 베어 보이면서, "베도 한 필이 완성되어야 쓸모가 있는 법입니다. 이렇게 짜다가 말고 잘라버린 베를 살 사람은 없습니다. 사람과 학문 또한 마찬가지입니다. 학문이 무르익어야 그 사람이 천하에 소용되는 바가 있어, 그를 찾게 되는 법입니다"라고 훈계하여, 남편으로 하여금 7년 동안의 유학생활을 통해 깊은 학문을 갖추게 했다.

그런데 악양의 아들 악서는 위나라 옆의 작은 나라인 중산국이라는 곳에서 초빙을 받아 높은 관직을 맡아 살고 있었다. 악서는 아버지 역시 중산국으로 초빙하고자 하였으나, 악양은 오히려 "중산국의 임금이 포악하고 무도하니 그곳에서 사는 것은 바람직하지 못할 뿐 아니라 위험하기도 하다. 너도 경거망동하지 말고 그곳에서 벗어나도록 해라"라고 타이른다. 그러나 악서는 아버지의 충고를 받아들이지 않고 중산국으로 돌아갔다.

당시 모든 나라 가운데 특히 위나라가 부국강병에 힘써 천하 강국의 면모를 갖추게 되자, 군주인 문후文候는 무도한 중산국을 정벌하여 국력도 확장하고 국가의 근심도 없애려는 계획을 세운다. 그 총책임을 맡을 인재를 물색하던 중, 신하 가운데 한 사람이 악양을 천거했다. 문후는 그에 대해 면밀히 조사한 후 중산국 정벌의 중책을 맡긴다.

주색에만 탐닉하여 백성에게 학정을 일삼던 중산국의 군주에게 대책이 있을 리 없었다. 위나라의 군대는 중산국 군대를 무찌르고 위풍당당하게 중산국 도성 앞에 진을 쳤다. 이때 중산국 군주는 악양의 아들인 악서를 불러, 아버지를 설득하여 군대를 물리도록 하라고 명령한다. 악서는 아버지의 강직한 성격을 아는지라 자신의 설득이 무용지물일 것이라고 말했지만, 중산왕은 명령을 이행치 못하면 죽이겠다 위협했고 이에 악서는 할 수 없이 아버지를 만나러 간다.

예상대로 악양은 무도한 군주를 섬긴 악서를 심하게 꾸짖었다. 그러자 악서는 자신이 왕에게 항복을 권할 것이니 한 달 동안만 말미를 달라고 애걸했다. 악양은 허락했고, 이러한 일이 몇 차례 반복됐다. 악양의 부장인 서문표가 부자의 정에 이끌려 부당한 결정을 내리고 있는 것은 아닌지 묻자, 악양은 "나는 중산국을 일시 점령하는 것이 아니라 영원히 위나라 땅으로 만들려는 계책을 쓰고 있는 거요. 중산 백성들로 하여금 위나라가 강인할 뿐 아니라 관대하기도 하다는 점을 보임으로써 마음으로 복종하도록 만들고자 합니다"라고 말했고, 그제야 서문표는 고개를 끄덕였다.

또다시 한 달이 흐르고 악서가 성벽에 올라 다시 말미를 요청했지만, 이번에는 악양이 더욱 심하게 꾸짖으며 직접 활을 쏘아 아들을 맞히려 했다. 당황한 악서가 도망쳐 사실을 고하자, 중산왕은 악서의 이용 가치가 다했음을 알고 그를 죽여 그 고기로 국을 끓인 뒤 악양에게 보냈다. 자식의 죽음 앞에 정신을 못 차리는 틈을 타서 계책을 세울 심산이었다. 그러나 악양은 그 국을 받아 망설임 없이 다 먹으며 못난 아들을 꾸짖은 뒤 마침내 중산국 정벌에 성공한다.

의기양양하게 개선한 악양에게 위나라의 문후는 커다란 상자를 주면서 집에 가서 열어보라고 말했다. 온갖 보물이 들어 있으리라 예상한 악양이 상자 속에서 발견한 것은 뜻밖에도 무수한 상소문이었다. 그것들은 악양이 자식인 악서와의 사사로운 정 때문에 공격을 미루고 있으며, 결국 위나라를 배반할 것이니 불러들여 벌하고 대장군을 교체해야 한다는 내용이었다. 그제야 악양은 무릎을 치면서 중산을 정벌한 데에는 자신이 아니라 위 문후의 힘이 더 컸음을 깨달았다. 아무리 훌륭한 재주를 가지고 있더라도, 자신을 발탁하고 끝까지 믿어준 문후가 없었다면 자신은 헛되이 목숨을 잃고 말았을 것이기 때문이다.

예부터 남자는 자신을 알아주는 사람을 위해 목숨도 바친다고 했다. 아무리 훌륭한 재능을 가지고 있더라도 그것을 알아주는 사람이 없으면 아무 소용이 없기 때문이다. 악양이 역사에 한 획을 긋는 커다란 공을 세우긴 했지만, 그것은 오롯이 그의 몫이 아니라 그를 알아보고 믿어준 아내와 위 문후 덕이었다.

나는 아내가 위나라 문후만큼 훌륭하다고 믿어 의심치 않는다. 나에 대한 아내의 신뢰는 가히 종교적이기까지 하다. 그녀는 가끔 친구들에게 농담으로 "너희도 종교를 좀 가져보렴. 그럼 마음이 편해질 거야"라고 말하곤 한다.

그녀를 만난 뒤 나는 내 가치를 재발견한 셈이다. 세상 모든 사람이 "아니다" "불가능하다"고 말해도 그녀는 언제나 내 판단을 믿고 "당신은 할 수 있다. 당신은 보통 사람이 아니다"라고 말해준다. 아무리 스스로에게 자신이 있더라도 주변의 모든 사람이 손가락질하며 "미친 짓을 한다"고 말한다면 그것을 버텨내기란 쉬운 일이 아니다. 하지만 단 한 사람의 전적인 믿음과 지지로 결과는 180도 달라질 수 있다.

아내의 믿음과 지원으로 내가 목표하고 계획했던 일들이 조금씩 이루어질 때마다, 나는 그것이 오직 내 힘으로만 이루어진 것이 아님을 느낀다. 때로는 그녀의 몫이 더 큰 게 아닌가 하는 생각까지 하게 된다.

세상에 능력을 발휘하며 뜻을 펼치고 있는 모든 사람은 다시 한번 돌아봐야 한다. 자신이 능력을 발휘하기까지 누구의 믿음과 지지가 있었는지 말이다. 학생들을 가르치는 나는, 내 강의를 듣고 많은 것을 얻었노라고 말하는 학생들에게 무척 감사하다. 그리고 내가 쓴 글과 책의 가치를 알아주는 독자들에게도 말로 표현할 수 없는 감사의 마음을 갖는다. 그들이 없다면 내 글과 강의는 무용지물이었을 것이다.

옛날에 변화라는 사람이 엄청난 옥의 원석을 발견하여 왕에게 바쳤다. 그러나 그 원석의 가치를 알아보지 못한 당시의 옥공들과 왕에 의해 그는 사기꾼으로 몰려 두 다리를 잘리고 만다. 왕이 바

꿰고 변화는 다시 옥을 바치고 싶었으나, 다리가 없어 그럴 수 없자 피눈물을 흘리며 통곡했다. 그 소식을 들은 왕이 변화를 불러 원석을 잘라보니 어마어마한 가치의 옥이 들어 있었다고 한다.

흔히 이 이야기에서는 아무도 몰라보는 옥을 분별한 변화의 능력이 칭송되곤 한다. 그러나 나는 이미 사기꾼으로 몰려 다리마저 잘린 변화에게 다시 기회를 준 왕의 관대함과 포용력을 더 눈여겨 봐야 한다고 생각한다. 그가 없었다면 변화도, 변화의 옥도 존재할 수 없었을 것이다.

뛰어난 능력을 발휘하여 세상을 호령하는 사람이라 할지라도, 누군가의 신뢰와 지지가 없었다면 그의 성취는 불가능했을 것이다. 아니, 어쩌면 그것은 세상을 함께 살아가는 사람 모두에게 진 빚인지도 모른다. 언제나 자만하지 말고 겸손해야 하는 이유가 바로 여기에 있다. 또한 자기 스스로 커다란 능력을 갖지 못했다 하더라도 그리 슬퍼할 일은 아니다. 능력을 가진 사람을 발견하고, 그를 믿고 신뢰함으로써 그 능력이 세상에 꽃피게 하는 것 또한 중요한 재능이기 때문이다.

무아지경의 연습이
주는 미덕

34

최근 유행하는 오디션 프로그램을 보노라면 심사위원들이 앞뒤가 안 맞는 말을 하고 있음을 발견할 수 있다. 어떤 참가자에게는 "본인은 즐겁고 행복하게 노래를 부르지만, 기본적으로 음정이나 박자, 발성이 너무 불안해요. 그래서는 가수가 될 수 없어요"라고 말했다가 다른 참가자에게는 "음정이나 박자, 발성은 완벽해요. 그런데 왜 감동이 안 되죠? 스스로가 행복하지 않으면 다른 사람에게 행복을 줄 수 없어요. 음정이나 박자에 집착하지 말고 부르세요"라고 말하기도 한다.

참가자와 시청자들은 심사위원의 권위에 눌려서든 다 좋은 말이라고 수긍해서든 아무 반론도 제기하지 않지만, 나로서는 두 가지 지적이 일관되어 보이지 않는다. 도대체 어떤 장단에 춤을 추란 말인가? 물론 천재적인 자질을 타고나서, 둘 모두를 완벽하게 충족시킬 수 있다면 모르겠지만 말이다.

그런데 고대의 현인들도 이와 비슷하게 일견 모순되어 보이는 발언을 하곤 했다. 공자는 "공손하되 아첨하지 말고, 신중하되 나약해서는 안 되며, 강직하되 각박하지 말아야 한다"고 말했다. 아리스토텔레스 또한 "무모함과 나약함의 균형을 잡아야 용기라는 중용의 덕을 갖추게 되고, 방탕함과 인색함의 균형을 잡아야 타인에게 진정으로 후하게 대하는 중용의 미덕에 이르게 된다"고 말했다.

말은 쉽다. 유쾌하고 유머러스한 사람에게 점잖은 미덕도 갖춰야 한다고 말하고, 예체능에 자질이 있는 학생에게 수학이나 어학쪽도 소홀히 하지 말아야 한다고 충고하는 것은 누구에게나 쉬운일이다. 하지만 정작 입장을 바꿔 생각해보라. 어떻게 그럴 수 있단말인가? 개그맨은 다소 경박해 보이기 마련이고, 점잖은 사람은 재미가 없기 마련이다. 서태지나 양현석이 공부까지 잘한다면 세상은 얼마나 불공평하겠는가?

어느 한쪽으로 치우치지 않는 중용의 미덕이란 그렇게 힘든 것이다. 그것은 하늘이 내려준 사람에게나 가능해 보이기까지 한다. 그래서 동서고금을 막론하고 성현들은 그것을 최고의 미덕으로 삼았을 뿐만 아니라, 그러한 미덕을 갖춘 사람을 만나기란 쉽지 않음을 고백하기도 했다. 역으로 말하면 일반적인 사람들에게 중용은 그림의 떡과 같은 것이라는 의미다.

그렇다고 해서 중용의 미덕을 포기할 수는 없다. 더 나은 인간이 되기 위해서, 그리고 더 잘 살아가기 위해서는 중용이 반드시 필요하기 때문이다. 로스쿨 진학을 준비하는 학생들을 가르쳤던 나로서는 시험장에서 낭패를 보는 학생들의 유형이 극단적으로 갈리는 것을 익히 봐왔다. 진중함이 부족해 이름이나 수험 번호 표기를 빠트리거나 문제의 요구 사항을 끝까지 정확히 읽지 않아 후회를 하는 유형이 있고, 반대로 지나치게 긴장해서 실력 발휘를 못 했다고 호소하는 유형이 있다. 운동의 경우도 마찬가지다. 골프 시합에 참가해보면 어떤 사람들은 지나치게 경솔하여 실수를 하지만, 반드시 좋은 성적을 내야겠다는 부담감이 오히려 독이 되는 예도 그에 못지않게 많다. 어떤 선수들은 "즐겨야 해!"라고 스스로에게 다짐하곤 하지만, 그것 자체가 이미 즐기지 못하고 있다는 반증이다.

이는 골프에만 국한된 것이 아니다. 인생의 기로가 될 만한 중요한 일을 앞두고 있을 때에는 경망스럽게 행동해서도 안 되지만, 그렇다고 지나치게 긴장하는 것 또한 일을 그르친다. 복잡하고 정교한 시한폭탄을 제거하는 임무를 맡은 사람이나 매우 어려운 수술을 집도하게 된 의사를 상상해보라. 그가 서두르거나 부주의해서는 안 됨은 말할 것도 없지만, 그렇다고 해서 지나친 긴장으로 손을 떨기라도 한다면 돌이킬 수 없는 사태를 초래하고 말 것이다. 오디션 프로그램이나 「나는 가수다」와 같은 경연에 참가하는 사람들도 예외가 아니다. 가사나 음정, 박자 등 기본적이고 형식적인 요소를 소홀히 해서는 안 되겠지만, 그렇다고 해서 그것에만 집착해서는 감동적인 무대를 연출할 수 없다.

그렇다면 중요한 것은 0.00001퍼센트의 타고난 천재나 성인이 아닌 보통 사람들이 어떻게 해서 중용의 덕을 성취할 수 있는가, 그 방법을 알아내는 것이다. 단순히 "당신은 한쪽으로 치우쳐 있으니 좀더 균형을 잡도록 하시오"라고 말하는 것만으로는 충분치 않다. 이는 마치 "시험 준비를 어떻게 해야 하나요?"라고 묻는 학생에게 "균형 있게 잘해야지"라고 말하는 것과 같다. 철학자인 나에게도 이것은 정말 실질적이고 커다란 고민거리였다.

그런데 과거 우연히 시청한 「나는 가수다」에서 가수 박정현의 인터뷰를 보면서 "그래, 저거였어"라는 깨달음을 얻었다. 어떻게 준비를 했느냐는 질문에 박정현은 "정말 연습을 많이 했어요. 그래야지 커다란 무대에서 아무 생각이 안 나더라도 해낼 수 있거든요"라고 대답했다. 중용의 미덕을 성취하는 방법은 끊임없는 훈련과 연습이라는 단순한 진리를 알게 된 것이다.

시험의 경우를 생각해보자. 학생들이 "긴장 때문에 실력 발휘를 못 했어요"라고 말하면 나는 "그것이 실력이다. 누군들 긴장이 안 되겠니? 조건은 다 똑같아. 시험에서 긴장하지 않는 방법은 평소에 끊임없는 훈련을 통해 월등한 실력을 갖추는 것뿐이야"라고 말하곤 한다.

이는 다른 모든 경우에도 해당된다. 골프 시합에 나가는 선수가 평소에 진지한 태도로 엄청난 연습을 하여 라운딩을 할 때마다 6~7언더파를 기록한다면 그는 자신감을 갖고 즐기면서 시합을 할 수 있을 것이다. 폭탄 해체 요원이 수십만 번의 연습을 통해 정해진 매뉴얼에 따라 밥 먹듯이 능숙하게 폭탄을 해체할 수 있는 경지에 도달한다면 그 역시 주어진 임무를 수월하게 완수할 수 있을 것이다. 음정이나 박자, 발음과 같은 요소들이 아주 자연스럽게 느껴질 정도로 연습을 한 가수라면 그런 것에 전혀 신경 쓰지 않고 스스로 무대에 동화되어 감동적인 노래를 선사할 수 있을 것이다.

누구에게나 장점은 있고, 정말로 행운아가 아니라면 그것은 한쪽으로 치우쳐 있기 마련이다. 우리가 중용의 덕을 성취하여 결정적 시기를 하나하나 성공적으로 헤쳐나가기 위해서는 굳은 의지와 신중한 태도를 동반한 장기간의 훈련이 필요하다. 유쾌한 기질과 유머감각을 타고난 사람은 타인을 배려하는 말투와 행동, 즉 예의 바른 행동이 몸에 배도록 노력함으로써 유머감각을 균형 있게 발휘할 수 있다. 누구나 자신에게 부족한 부분을 채워나가고자 노력함으로써 중용에 이를 수 있는 것이다.

보통 사람들이 그러한 미덕을 성취해서 발휘하지 못하는 것은 순전히 인내심과 노력 부족 때문이다. 골프를 가르치다보면 대다수의 사람은 내게 지적받은 자신의 단점이 무엇인지 인정하면서도, 꾸준히 연습을 하기보다는 "한 큐에" 해결할 수 있는 비법을 찾아다닌다. 다이어트를 하는 사람들도 6개월에서 1년의 장기적이고 규칙적인 운동 계획을 세우기보다는 약이나 건강 보조제와 같은 간편한 방법을 택하고자 하기 때문에 실패하곤 한다. 로스쿨 시험을 준비하는 학생들도 예외가 아니다. 상담을 요청한 학생들에게 학습 방법과 계획을 알려주면 고개를 끄덕이고 실천하겠다는 열의에 불탄다. 이때 나는 항상 무리를 해선 안 됨을 강조한다. 중요한 것은 마라톤에서의 완주처럼 페이스를 유지하는 것이라고 말이다. 하지만 2~3개월 후 다시 물어봤을 때 지속적인 실천을 하고 있는 사람은 매우 드물다. 그리고 성공하는 사람은 그들뿐이기도 하다. 나머지 대다수는 비법을 가르쳐주는 강의나 학습법의 유혹에 빠져 이곳저곳을 기웃거리다가 시험에 맞닥뜨리곤 한다. 그들이 긴장하지 않고 자신 있게 시험에 임할 수 있을 리 없다.

프로 격투가와 아마추어가 경기를 하면 아마추어들은 어깨에 지나치게 힘이 들어간 나머지 몸의 균형을 잃는 반면, 프로들은 가볍게 치는 듯하면서도 커다란 충격을 주는 것을 볼 수 있다. 프로 골퍼들 또한 전혀 힘들이지 않는 스윙으로 엄청난 비거리를 낸다. 그런데 중요한 것은 과도하거나 부족하지 않은 그러한 동작은 정말 오랜 기간의 훈련에서 비롯된 것이라는 사실이다. 복싱에 입문하면 체중을 옮기면서 잽을 내뻗는 단순한 동작을 수개월 이상 반복하지만, 정작 신인 복서들이 링에 오르면 어깨에 힘이 잔뜩 들어간 채로 휘둘러 치다가 스스로 지치곤 한다. 그런 면에서 보면 펀치를 맞고 실신한 상태에서도 다음 기술을 취하는 선수들의 모습에서 감동적으로 중용의 미덕을 발견하곤 한다. 그들은 진지하게 경기에 임하면서도, 무수한 연습을 통해 무의식 상태에서도 그 동작을 해낼 수 있을 정도의 자연스러움을 갖추었으니 말이다.

재앙이 되는
기술

35

얼마 전 주말에 내가 사는 곳의 경찰서로부터 우편물을 한 통 받았다. "교통법규위반차량신고관련 사실확인요청서"라는 이름도 긴 이 우편물의 내용은 내 차가 교통 법규를 위반했다는 신고가 들어왔으니, 경찰서로 출석해 사실 확인을 하거나, 아니면 위반 사실을 인정하고 가까운 경찰서나 파출소에 가서 과태료를 납부하라는 것이었다.

정말 예상치 못한 새로운 경험이었다. 과속 혹은 신호위반 감시 카메라에 찍히거나 경찰에 의해 위법 사실이 포착되는 것은 운전자들에게 흔히 있는 일이겠지만, 누군가가 내 위법을 신고한다는 것은 쉽사리 경험하기 힘든 일이 아닌가? 서류에 적힌 위반 일시와 장소를 보고 기억을 더듬어보니, 그 시간에 내가 그곳을 지나간 것은 사실이었다. 그러나 아무리 생각해봐도 내가 신고를 당할 만한 일를 저지르지는 않은 듯했다.

나는 모범 운전자다. 경찰이 발행하는 이른바 '딱지'를 끊거나 과속 카메라에 찍힌 일이 전혀 없는 것은 아니지만, 손에 꼽을 정도로 드문 그 경험은 기억조차 하기 힘든 오래전의 일이다. 그렇다고 해서 내가 교통 법규를 "칼같이" 지키는 사람인 것도 아니다. 때로 규정 속도를 적절히 어기거나, 때와 장소에 따라 신호 위반을 하기도 한다.

법을 어기는 데 무슨 적절함이 있냐고 반문하실지 모르겠다. 그러나 때와 장소를 막론하고 언제나 모든 법을 지켜야 하는가는 결코 쉽지 않은 법철학의 근본 문제 가운데 하나다. 그리고 실제로 내가 사는 곳처럼 시골에서는 법을 지키는 것보다 어기는 것이 미덕인 경우가 심심치 않게 존재한다. 예를 들어, 동네 사람들이 관습적으로 신호를 기다리지 않고 좌회전을 하는 곳에서는 안전이 보장되는 한 신호를 위반하고서라도 빨리 좌회전을 함으로써 뒤에서 기다리는 사람들의 편의를 봐주어야 하는 경우도 있다. 내 원칙은 타인에게 피해가 가지 않는 한 융통성 있게 행동하자는 것이다.

사실 현대인들의 도시생활에 구석구석 침입해 있는 법의 역할을 전통사회에서는 관습과 도덕이 대신해왔고, 전통적 생활양식을 가진 곳에서는 여전히 그러하다. 따라서 인구 밀도가 낮고 공동체의 규모가 작은 집단일수록 법보다는 지역의 관습이 커다란 영향력을 발휘하기 마련이다. 법이 모든 구성원의 생활 곳곳을 지배한다는 것은 사회가 그만큼 대형화되고 비면식화되어, 사람들의 갈등과 투쟁을 해결해줄 궁극적인 장치가 필요해졌음을 의미한다. 대화 혹은 어르신들의 중재를 통해 쌍방이 조금씩 양보하여 원만히 해결할 수 있는 일을 법정이라는 탈인격화된 장소에서 해결하는 일이 많아진 것이다. 이는 결국 공동체적 유대가 붕괴되고, 사회 구성원 개개인이 모래알과 같이 따로 노는 상황이 되었음을 의미하기도 한다.

법이 곧바로 정의를 실현해줄 것이라는 생각도 상당 부분 환상에 불과하다. 많은 경우 법정에서의 승리는 얼마나 비싸고 유능한 변호사를 고용할 수 있는가에 의해 판가름 나기 때문이다. 천문학적 액수의 재산을 상속받고도 깜짝 놀랄 만큼 적은 상속세를 납부한 재벌 2세들이나, 국가와 사회에 어마어마한 손해를 입히고도 무혐의나 가석방, 사면 등의 조치를 받아내는 대기업 총수들을 보면 법이 정의라는 생각은 현실을 모르는 순진한 발상에 불과할지도 모른다.

다시 본론으로 돌아가보자. 적절히 법을 어기는, 그러나 교통 위반 범칙금조차 언제 내봤는지 기억에 없는 나는 우편물에 적힌 위반 행위가 무엇인지 찾아보았다. 그런데 위반 내용은 "제차 신호 조작 불이행"이라고 되어 있었다. 도대체 무엇을 잘못했다는 말인지 알 수 없었다. 신호를 어겼다는 것도 아니고 말이다. 경찰을 비롯한 행정의 불친절이 여전함을 다시 한번 실감하는 순간이었다.

주말을 보내고 나서 경찰서로 문의한 후 나는 황당함을 감출 수 없었다. 차선을 바꾸면서 방향지시등, 즉 '깜빡이'를 켜지 않은 것을 뒤의 운전자가 신고했다는 것이다. 문의에 응하는 경찰도 당혹스러워하기는 마찬가지였다. 어쨌든 법규를 어긴 것이 사실이고, 신고가 들어왔으니 처리해야 한다는 것이었다. 신고자는 자신의 차에 장착된 블랙박스 내용을 증거물로 제출했으니, 출석하면 확인시켜주겠다고 했다.

나는 기억이 나지 않지만 아마도 내가 그랬을 거라고 말했다. 사실 내가 언제나 방향 지시등을 켜지 않는 것은 아니다. 교통 상황을 감안해서 주변 차량들에 피해가 갈 것이라고 판단되는 경우에는 방향지시등을 반드시 켠다. 그러나 앞서 말한 것처럼 시의적절한 융통성을 중시하려고 한다. 주변 차량이나 보행자들에게 피해가 가지 않을 상황에서는 굳이 방향지시등을 켜지 않는 것이다. 아마도 그 모습을 보고 불쾌해한 준법의식이 투철한 어떤 운전자가 신고를 했나보다.

나는 이 사건에서 영화 「에너미 오브 스테이트」의 그림자를 보고 오싹해짐을 느꼈다. 언제 어디서나 일거수일투족을 감시당하는 '멋진 신세계' 유의 세계가 실제로 도래했음을 실감한 것이다. 영화에서는 공권력에 의한 감시가 공포의 대상으로 등장하지만, 현실은 그보다 더 충격적이다. 공권력뿐 아니라 주변의 모든 사람이 감시자인 것이다. 구글글래스와 같은 첨단 장비가 보급되면 될수록 그런 현실은 가속화될 것임에 틀림없다.

독자 여러분도 이제부터 극도의 주의를 기울이지 않는다면 언제라도 범법자가 될 수 있다. 야간에 차가 드문 도로에서 무단횡단을 하는 행동은 물론이거니와, 술을 먹고 길거리에서 큰 소리로 노래를 부르거나 떠드는 행위, 허물없는 동료나 친구, 친지에게 싫어하는 사람의 험담을 늘어놓는 일도 경우에 따라 법에 의해 처벌받을 수 있는 것이다. 내 사건을 담당한 경찰이 말한 대로 신고가 들어온 이상 공공기관에서는 처리하지 않을 수 없기 때문이다.

이런 감시사회를 가속화시키는 주범은 CCTV, 블랙박스, 구글글래스 등과 같은 첨단 기기들이라고 생각할 수도 있다. 하지만 기계는 결국 사람의 손에 의해 고안되고 만들어져 작동됨을 잊어서는 안 된다. 우리를 위협하는 것은 기술 그 자체가 아니라, 공동체적 유대가 붕괴되고 그로 인해 상호 배려가 사라지고 있는데, 그 간극을 메워줄 학문과 교육이 제구실을 하지 못하고 있다는 사실이다. 반대로 생각하면 사회를 좀더 인간답고 행복하게 만들어줄 열쇠는 기술 그 자체가 아니라 우리 손에 달려 있음을 깨달아야 한다. 서로의 손을 맞잡는 순간 기술은 축복이 되겠지만, 기술을 말아 쥐고 서로를 겨냥하는 순간 첨단 기기는 재앙일 뿐인 것이다.

엽등蹣等을
경계하다

36

옛날에 아이들을 재목으로 키워내기로 유명한 훈장님이 살았다. 그는 은퇴 후 한거하고 있었는데, 아이의 장래를 걱정한 아버지가 그를 찾아가 자신의 아이를 맡아달라고 간절하게 부탁했다. 훈장님은 아버지의 정성에 감동하여 그 아이를 마지막 제자로 삼기로 했다. 아버지는 만족하고 돌아갔다.

그로부터 몇 개월 후 아버지는 여러 귀한 음식을 싸 들고 훈장님 집을 찾아갔다. 문밖까지 책 읽는 소리가 들리는 것을 보니 아들이 글을 배우는 중임을 알 수 있었다. 무엇을 배우는지 밖에서 가만히 들어보니 천자문이었다. 아이의 청명하고 낭랑한 목소리와 훈장님의 인자하면서도 엄한 가르침에 저절로 미소가 지어졌다. 그는 훈장님께 크게 감사하고, 아이를 격려한 후 집으로 돌아갔다.

또 몇 개월이 지나고 아버지는 다시 음식을 싸 들고 아들을 만나러 갔다. 훈장님의 집이 가까워지자 여전히 아들의 책 읽는 소리가 들렸다. 학문을 게을리하지 않는 스승과 제자의 모습이 그려지면서 다시 흐뭇한 마음이 절로 감돌았다. 이번에는 무엇을 배우고 있나 궁금하여 문밖에서 들어보니 여전히 천자문을 읽고 있었다. 1년이 다 되어가는데도 천자문을 배우고 있는 것이 다소 찜찜하기는 했지만 "기초를 튼튼히 해야 한다는 훈장님의 깊은 뜻이 있겠지"라고 생각하며 음식과 감사의 마음을 전한 뒤 돌아갔다.

같은 일이 두어 차례 반복되면서 의심은 점점 커져갔지만, 훈장의 명성이 있는지라 뭐라 말도 못 하고 답답한 속을 홀로 삭이며 집으로 돌아가곤 했다. 어느덧 2년여가 훌쩍 지나고 아버지가 다시 찾았을 때, 여전히 아들은 천자문을 읽고 있었다. 아버지는 더 이상 참을 수가 없었다. 문을 박차고 들어가서는 "유명한 선생이라더니 다 거짓이었구려. 남의 자식을 망칠 요량이오? 도대체 언제까지 천자문만 읽힐 셈이요? 명심보감, 소학, 사서삼경, 자치통감, 사기 등등 공부해야 할 게 얼마나 많소? 이제는 도저히 참을 수 없구려. 아이를 데려가겠소"라고 말했다. 그러자 훈장님이 잠시 진정하라는 손짓을 한 뒤, 이런저런 책들을 꺼내 아이에게 읽도록 했다. 처음 읽는 책이지만 아이는 거침없이 읽어 내려갔다. 그 모습을 보여준 훈장님은 "이제 당신의 뜻대로 아이를 데려가시오"라고 말했다. 아버지는 그제야 뒤통수를 맞은 듯한 충격을 느끼며, "제 속이 좁았습니다. 아이를 계속 맡아주십시오"라고 애걸했지만, 이미 돌아선 훈장님의 마음을 되돌릴 수는 없었다.

언제 누구에게서 들었는지조차 기억나지 않는 이 이야기가 내 가슴속 깊이 남아 있는 것은 이야기가 주는 커다란 교훈 때문이다. 그것은 다름 아닌 기본, 그리고 그것을 익히기 위해 서두르지 않고 한 걸음 한 걸음 내딛는 인내와 끈기의 중요성이다. 정말로 운이 좋아 복권에 당첨되는 것과 같은 드문 경우를 제외하면 인생에서 무언가를 이룬다는 것은 그러한 인내와 끈기를 통해서만 가능하다. 대다수의 사람은 커다란 성공을 거둔 이들을 보면 그 성공은 타고난 자질 덕이며, 자신들은 애초에 그런 것을 꿈도 꿀 수 없다고 생각하는 경향이 있다. 하지만 눈을 돌려 주변을 잘 둘러보기만 해도 그것은 전혀 설득력 있는 주장이 아님을 알 수 있다.

수영을 접할 기회가 없어 '맥주병'이던 나는 나이 서른에 다리를 다쳐 다른 운동을 못 하게 된 것을 계기로 수영을 배우기로 결심했다. 워낙 운동에 자신이 있던 터라 2~3개월이면 그럴싸하게 하게 되려니 생각하면서 말이다. 하지만 현실은 전혀 달랐다. 제일 초급반에 들어갔지만, 두 달이 지나도록 나는 꼴찌였다. 호흡은 물론이거니와 발차기를 하면서 팔을 한 바퀴 돌리는 것조차도 전혀 되지 않았다. 주로 아주머니들로 이루어진 반의 30명 가운데 꼴찌를 한다는 것이 몹시 창피해 좌절감에 빠졌다. 한 친구는 "천 명 중에 한 명은 태생적으로 수영이 안 되는 사람이 있다더라. 그것이 너인가보다"라는 말을 하기도 했다.

개인 교습을 받아야 하나 고민도 했지만, 결국 이를 악물고 버텨나가기로 결심했다. 그때까지도 그랬지만, 단 하루도 빠지지 않고 열심히 강습에 나갔다. 상갓집에 가서 밤을 새우고 온 날은 집에 들어가면 마음이 흐트러질까봐 창문 밖에서 수영복만 받아 강습에 나가기도 했다. 뿐만 아니라 나보다 나은 사람들을 따라잡기 위해서는 특별한 노력이 필요하다고 생각해, 매일 강습 시작 한 시간 전에 유아 풀에 가서 발차기 연습을 했다. 호흡이 되지 않는 내게는 그곳이 최적의 장소였던 것이다. 목표는 유아 풀 한쪽 끝에서 반대편까지 쉬지 않고 가는 것이었다.

그런 생활을 한 지 한 달여가 지나고 놀라운 일이 벌어졌다. 내가 반에서 1~2등을 다투게 된 것이다. 물론 내 노력을 통한 수영 실력의 향상도 큰 몫을 했지만, 결정적인 요인은 30명 가운데 20여 명이 그 사이에 그만둔 것이었다. 이후에도 하루도 빠짐없이 2년 가까이 열심히 연습한 결과 나는 쉬지 않고 수영장을 100번 왕복할 수 있게 되었다.

그 경험은 커다란 깨달음을 주었다. 이제와 생각해보면 길지도 않고 별로 이룬 것도 없는 삶이지만, 내가 뭔가를 성취한 것이 있다면 그것은 성급해하지 않고 목표에 이르기까지 한 걸음 한 걸음 다가간 결과였다. 외국어를 배우고자 하는 사람은 인내심을 가지고 1년 이상 학원에 다니고 과제를 수행한다면 반드시 성공하게 되어 있고, 다이어트를 하고자 하는 사람도 계획을 1년 이상 실천한다면 반드시 성공하게 되어 있다. 심지어는 쉬지 않고 계속한다면 언젠가는 산도 옮길 수 있음을 "우공이산愚公移山"이라는 고사가 보여주고 있지 않은가?

인생의 많은 일에서 실패하는 원인은 조급증과 노력의 부족 때문이다. 로스쿨을 준비하는 학생들을 가르쳤던 나로서는 매년 너무나 안타까운 일들을 목격하곤 했다. 길어야 8개월 정도 시험을 준비하면서, 두세 달 만에 성적이 오르지 않는다며 조바심을 낸다. 한 걸음 한 걸음 나아가기보다는 비법을 가르쳐준다는 강의를 찾아다니고 이 사람 저 사람을 따라 하면서 시간을 허비하다가 "내가 그 시험 준비해봤는데, 공부 열심히 한다고 되는 게 아니더라고. 그냥 보는 거나 별반 차이 없어"라고 말한다. '기적의 다이어트 제품'을 이것저것 복용해보다가 자신은 태생적으로 다이어트가 불가능하다고 포기하는 사람과 무엇이 다르겠는가?

몇 년 전 장인어른이 골프를 처음 시작할 때의 일이다. 사위가 프로급 실력을 지녔고, 사설 단체이긴 하지만 실제로 프로 자격증도 두 개나 땄으니 당연히 사위에게 가르침을 받았다. 나는 기본부터 차근차근 가르쳤고, 3개월여가 지나자 장인어른은 상당한 실력에 이르렀다. 그대로 계속 노력한다면 1년 뒤 싱글에 진입하고, 사설 단체 프로 자격증 정도는 취득할 수 있을 것이라 생각한 나는 장인어른에게 그렇게 말하며 용기를 북돋워드렸다. 그런데 어느 날부턴가 장인어른이 나를 슬슬 피하기 시작했다. 알고 보니 "이것만 바꾸면 금방 싱글 돼요"라는 '비책'을 늘어놓는 사람들에게 혹한 것이었다.

소를 물가에 끌고 갈 수는 있어도 억지로 물을 먹일 수는 없는 법이다. 공자도 "삼군을 거느리는 장수의 목을 벨 수는 있지만, 필부필부의 마음을 빼앗을 수는 없다"라고 했다. 이미 마음이 떠난 바에야 어쩔 수 없는 일이다. 나는 멀찍이 물러나 지켜보았다. 가끔 다시 가르침을 청하시기는 했지만, 나는 최소 몇 개월 이상 연습해야 하는 방법을 가르쳐주니 곧 다시 '비책'을 찾는 쪽으로 돌아서시곤 했다. 그로부터 몇 년이 지나, 제자리걸음 내지는 퇴보를 거듭하던 장인어른에게 뭔가 깨달음이 온 듯하다. 이제 장인어른은 정말로 진지하게 가르침을 청하고, 그것을 실천하고자 지속적으로 노력하면서 상당한 진보를 거듭하고 있다.

김연아나 박태환같이 특정 분야에서 천재성을 보이는 사람들조차도 피나는 노력이 수반되지 않는다면 그것을 발휘하지 못하는 경우가 대부분이다. 아니, 어쩌면 진정한 천재성이란 자신이 목표로 하는 것에 서두르지 않고 한 걸음 한 걸음 다가가는 인내와 노력일지도 모른다. 나와 같이 동양학, 그 가운데에서도 중국학을 전공하는 사람들은 한문이라는 언어의 벽에 부딪히곤 한다. 사어死語인 데다, 지역과 시기에 따라 문법과 용례가 달라지는지라 여간 곤혹스런 것이 아니다. 그런데 내가 존경하는 선생님으로부터 한 가지 전설을 들은 적이 있다. 『맹자』를 삼천 번 읽으면 문리文理가 트이면서 하늘에서 뚝 소리가 나는 것을 듣게 된다는 것이다. 전설에 따르면 스승에게 그 이야기를 들은 제자가 몇 년에 걸쳐 삼천 번을 읽었는데, 아무 소리도 듣지 못하자 격분하여 스승에게 편지를 썼다. 스승으로부터 돌아온 답변은 "명문이로다!"라는 것이었다.

유학자들은 예로부터 자신이 필수적으로 익혀야 할 것을 건너뛰고 지름길로 가고자 하는 행위를 '엽등躐等'이라 하여 경계했다. 이른바 "한 큐에" 뭔가를 성취하려는 사람이 성공을 거둔다면 그것은 요행에 불과하다. 반면 서두르지 않고, 기초적이고 중요한 것을 꾸준히 해나가는 노력은 언제나 보상을 받게 되어 있다. 『맹자』 삼천독의 교훈은 바로 그것이다.

생활 인문학

ⓒ 김민철 2016

초판인쇄	2016년 6월 13일
초판발행	2016년 6월 20일
지은이	김민철
펴낸이	강성민
편집장	이은혜
편집	장보금 박세중 이두루 박은아 곽우정 차소영
편집보조	조은애 이수민
마케팅	정민호 이연실 정현민 김도윤 양서연
홍보	김희숙 김상만 이천희
펴낸곳	(주)글항아리
출판등록	2009년 1월 19일 제406-2009-000002호
주소	10881 경기도 파주시 회동길 210
전자우편	bookpot@hanmail.net
전화번호	031-955-8891(마케팅) 031-955-1936(편집부)
팩스	031-955-2557
ISBN	978-89-6735-334-6 03100

글항아리는 (주)문학동네의 계열사입니다.

이 도서의 국립중앙도서관 출판예정도서목록(CIP)은 서지정보유통지원시스템 홈페이지(http://seoji.nl.go.kr)와
국가자료공동목록시스템(http://www.nl.go.kr/kolisnet)에서 이용하실 수 있습니다.
(CIP제어번호: CIP2016013118)